es 1480

edition suhrkamp

Neue Folge Band 480

Zwischen 1978 und 1981 schrieb Thomas Bernhard sieben Kurz- und, naturgemäß Kürzestdramen. In ihnen stehen nicht Österreich und seine Bewohner im Mittelpunkt – über deren Zustand hat der Autor schon Eindeutiges gesagt, obwohl dies nicht oft genug gesagt und durch Übertreibung zur Kenntlichkeit gebracht werden kann. Vielmehr gibt Thomas Bernhard in diesen Dramoletten Kurzaufnahmen der deutschen Zustände. Und was sich in ihnen zeigt – sei es bei Kirchgängerinnen in Oberbayern, Gerichtspräsidenten oder den »Spitzen unseres Staates« –, ist eindeutig: Kaum fangen sie an zu reden, schon geben sie sich als Nazis zu erkennen. Darüber kann dann nur noch gelacht werden, auch wenn das Lachen im Halse steckenzubleiben droht und die Komödie für den Zuschauer und Leser sich zur Tragödie wandelt: »Wir bekommen in ganz Deutschland / keine Nudeln mehr / nur noch Nazis / ganz gleich wo wir Nudeln einkaufen / es sind immer nur Nazis / ganz gleich was für eine Nudelpackung / wir aufmachen / es quellen immer nur noch / Nazis heraus / und wenn wir das Ganze aufkochen / quillt es fürchterlich über.«

Thomas Bernhard

Der deutsche Mittagstisch

Dramolette

Suhrkamp

edition suhrkamp 1480
Neue Folge Band 480
Erste Auflage 1988

Erstausgabe

Satz: LibroSatz, Kriftel
Druck: Nomos Verlagsgesellschaft, Baden-Baden
Umschlagentwurf: Willy Fleckhaus
Printed in Germany

1 2 3 4 5 6 – 93 92 91 90 89 88

Inhalt

A Doda

Für zwei Schauspielerinnen
und eine Landstraße

Einsame Landstraße in Oberbayern
Zwei Frauen nach dem abendlichen Rosenkranzbeten in der Kirche auf dem Heimweg. Es ist fast finster.

ERSTE FRAU *ist stehengeblieben*
Schaugn S schaugn S
kemman S schaugn S
da liegt was
a Doda
zieht ihre Begleiterin an sich
Schaugn S
a Mensch
segn S
da liegt a Mensch
da schaugn S
da
zwischen de zwoa Bam da
schaugn S
segn S da
beide starren hin
Des muaß grad gschegn sei
und gar koa Vakehr
schaut zurück und dann wieder auf die Stelle zwischen den zwei Bäumen
Na so was
Wia ma herganga san
is da no nix glegn
übahaupts nix
übahaupts koa Vakehr

ZWEITE FRAU

Aba der is ja zuadeckt

ERSTE FRAU

Mit an Packpapier
Den hat scho wer zuadeckt
sie will einen Schritt vorwärts machen, aber ihr Gebetbuch hindert sie daran
Gehn S nehman S mei Betbuach
kennan Ses net nehma
nehman Ses da
die zweite Frau nimmt das Gebetbuch der ersten an sich

ERSTE FRAU

Wia mia hergangan san
is da übahaupts nix glegn
gar nix
Oder ham S was gsegn
wia mir hergangan san

ZWEITE FRAU

Na

ERSTE FRAU

Übahaupts nix
des kann i beschwörn
des muaß grad gschegn sei
oder ham S was gsegn
ham S was gsegn vielleicht

ZWEITE FRAU

Na

ERSTE FRAU

I hab nix gsegn übahaupts nix

ZWEITE FRAU

Und gar koa Vakehr net

ERSTE FRAU

Des muaß grad gschegn sei
wia mia in da Kircha drin gwen san
Segn S der is zuadeckt
den hat scho oana zuadeckt

ZWEITE FRAU

Mit an Packpapier

ERSTE FRAU

De wern oiwei zuadeckt
de Dodn
mit an Papier

ZWEITE FRAU

Mit an Packpapier

ERSTE FRAU

Der is mit an Packpapier zuadeckt
na so was
kemman S nur kemman S
sie zieht ihre Begleiterin mit sich
Se brauchan eahna net füachtn
Dode dan nix
zweite Frau zögert zuerst, nähert sich dann aber doch, wenn auch widerwillig, dem Tatort

ERSTE FRAU

I hab scho sovui Dode gsegn in mein Lebn
i füacht mi net
Segns der is zuadeckt
mit an Packpapier

Ober
Oberbayern

Aba wiaso hams denn den liegnlassn
wann s n scho zuadeckt ham
Den hat ja scho oana zuadeckt
segn S

ZWEITE FRAU

Ja

ERSTE FRAU

Mit an Packpapier

ZWEITE FRAU

Ja

ERSTE FRAU

Den muaß scho oana gsegn ham
sonst wa der ja net zuadeckt
Den hat oana zsammgfahrn
und dann hatn oana zuadeckt

ZWEITE FRAU

Mit an Packpapier
Segn S

ERSTE FRAU

A so a groß' Packpapier

ZWEITE FRAU

Ja

ERSTE FRAU

Da is oana mit an Packpapier vorbeikemma

ZWEITE FRAU

Den hams zsammgfahrn
und dann is oana mit an Packpapier vorbeikemma
a so a groß' Packpapier

ERSTE FRAU

Schaugn S
Segn S de Füaß
da
de Füaß
hint segn S
hint schaugn de Füaß aussa segn S

ZWEITE FRAU

Ja

ERSTE FRAU

A Mo
A Mo is
A Mo is des

ZWEITE FRAU

Ja a Mo

ERSTE FRAU

Des is a Mo
kemman S kemman S
füachtn S eahna net
a Mo

ZWEITE FRAU

A Mo

ERSTE FRAU

Na so was

ZWEITE FRAU

Vielleicht kennan man

ERSTE FRAU

Kemman S
kemman S nur

ZWEITE FRAU

Vielleicht kennan man
den Mo
A Doda is aber was greisligs

ERSTE FRAU

A wo
i hab scho so vui Dode gsegn
kemman S
Se brauchan eahna net füachtn
kemman S nur
sie zieht die zweite Frau mit sich
Man muß dem Dod ins Angesicht schaun
hat mei Vata oiwei gsagt
kemman S nur
Sie brauchan eahna net füachtn
gehn S nur sche mit mir

ZWEITE FRAU

Und übahaupts koa Vakehr net

ERSTE FRAU

So stad ois
na so was
sie schaut sich um, ob auch kein Auto kommt und sie vielleicht umfahren könnte beide
Nix nix kimmt
gar koa Vakehr net
sie packt ihre Begleiterin und stürzt mit ihr mutig zu dem Toten hin, enttäuscht
Des is ja goa koa Doda
sie läßt ihre Begleiterin los

Na so was
schaugn S
des is a Papierrolln
de hat oana valorn
von an Lastwagn
schaugn S
a Papierrolln
sie berührt mit ihrem schwarzen Trachtenschuh die Papierrolle
a Papierrolln
a Papierrolln sonst nix
segn S
schaugn S
schaugn S o
a Papierrolln
und i hab glabt a Doda
und dawei is des bloß a Papierrolln
Na so was
sie bückt sich und nimmt die große Papierrolle in Augenschein
A Papierrolln is
sie will die Papierrolle auseinandernehmen, aber die Papierrolle fällt blitzartig von selbst auseinander

ZWEITE FRAU *aufschreiend*

Na so was
lauta Hakenkreuz

ERSTE FRAU

Na so was
Des san ja de Plakade

de was mei Mo oschlagn hat wolln
in da Nacht
de Hakenkreuzplakade vastengen S

ZWEITE FRAU

Lauta Hakenkreuz
na so was
lauta Hakenkreuzplakade
und mia ham gmoant
a Doda is
lauta Hakenkreuzplakade

ERSTE FRAU *wütend*

A so a Depp mei Mo
valiert er de Plakade
wo i eahm gsagd hab
er soi s recht festbindn auf n Moped
a so a Depp
a so a Depp mei Mo
De hätt i ganz anders obundn
a so a Depp
gehn S
nehman S de Plakade
nehman Ses da
nehman Ses
sie heben die Plakate auf und stellen sich damit an den Straßenrand

ERSTE FRAU

Wann oana kimmt
und uns mitnimmt
oiwei kimmt oana

und grad heut kimmt koana
Wann S eahna z schwa werd
sagn Ses
Kemman S
Gebn S ma ruhig s Betbuach
des trag i scho
Und in da Nacht
pick i de Plakade selber überoi nauf
A so a Depp mei Mo
Kemman S
kemman S nur
a so a Depp
sie schleppen die Plakatrolle nach Hause

Maiandacht

Ein Volksstück als wahre Begebenheit
(Meiner Kindheitsstadt Traunstein gewidmet)

Oberbayerischer Kirchenvorplatz mit Friedhof. Portal in der Mitte. Orgeldröhnen, während die letzten Andächtigen in der Feiertagstracht die Kirche verlassen und nach rechts und links abgehen. Glockengeläute, wenn die Nachbarinnen aus dem Portal treten.

ERSTE NACHBARIN *mit Gebetbuch zur zweiten*

Sche habns gespuit gelt

ZWEITE NACHBARIN *mit Gebetbuch*

Ja sche
de spuin allwei sche
jetz wo de Jungen da san
spuins nu schena
I hörs gern
Meerstern ich dich grüße
Ja mei
wia des nu mei Vata gsunga hat
und wia mei Muatta nu mitgsunga hat
und wia mei Bruada nu mitgsunga hat
Aba de Zeit bleibt net stehn
des i a so
schaut gegen den Himmel
das Glockengeläute hat aufgehört
I moan es kommt a Regn
moanan S net
daß a Regn kommt

ERSTE NACHBARIN

Ja
schaut auch gegen den Himmel

Dat net schadn
Ois vui z trockn
Aba da Herrgott macht scho alls wieda richtig

ZWEITE NACHBARIN

Da habns recht
der hat nu alls ins Lot bracht
Kennans eahna erinnern
wia sie mein Vata an Fuaß brocha hat
und wia a ins Krankenhaus der Barmherzigen
Brüada eigliefert worden ist
da habns alle gsagt
der geht nimma
der wird nimma
Und der Primar hat eahm an Fuaß abnehma
wolln
kennans eahna nu erinnern

ERSTE NACHBARIN

Ja freilich

ZWEITE NACHBARIN

Wias eahm glei an Fuaß abnehma habn wolln
Und dann is a nu zwanzg Jahr lang glafa
Und besser als vorher

ERSTE NACHBARIN

Wia kemmans jetzt auf des

ZWEITE NACHBARIN

Ja mei
i denk dro
weil da Herr Zorneder
scho wieda a Grab aushebt

schaut zum Totengräber Zorneder hinüber, der ein Grab aushebt

ERSTE NACHBARIN

Ja stimmt
da Herr Geißrathner is gstorbn
so überraschend
zsammgfahrn

ZWEITE NACHBARIN

Übern Kopf drüber

ERSTE NACHBARIN

Den ganzn Kopf hats eahm zuadruckt

ZWEITE NACHBARIN

Mei wenn s abglafa is
is abglafa s Lebn

ERSTE NACHBARIN

I schau gar net gern zua

ZWEITE NACHBARIN

Bei was

ERSTE NACHBARIN

Wann oana eigrabn wird
Da Herr Geißrathner
der wo so gsund gwen is
I siach s net gern

ZWEITE NACHBARIN

Da Herr Geißrathner hat seiner Tochter
de wo in Truchtlaching wohnt
hundertfuchztausend Mark vermacht
und de woaß no gar net

ERSTE NACHBARIN

Aso

ZWEITE NACHBARIN

Und de Wiesn in Laibling drent

ERSTE NACHBARIN

Dö a

ZWEITE NACHBARIN

Ja dö a
und nu an Wald
aba i woaß net wo

ERSTE NACHBARIN

Der hat an Haufn Grundstücke ghabt
Zerscht hat er gar nix ghabt
und nacha an Haufn Grundstücke

ZWEITE NACHBARIN

A weng a Spekulant is a gwen

ERSTE NACHBARIN

Der Herr Geißrathner

ZWEITE NACHBARIN

A adretter Mensch
a so a sauberner

ERSTE NACHBARIN

Der Herr Geißrathner
Na ja

ZWEITE NACHBARIN

Is wahr daß n a Türk überfahrn hat
oder a Jugoslaw

ERSTE NACHBARIN

Na a Türk
a junga Türk
oana von de Türkn

de was jetzt da umanandlafn

ZWEITE NACHBARIN

Aba da Herr Geißrathner ist söiba schuld gwesn

ERSTE NACHBARIN

Da Herr Geißrathner

ZWEITE NACHBARIN

Da Herr Geißrathner moan i ja

ERSTE NACHBARIN

Scho der Herr Geißrathner is schuld gwesn
Aba wann der Türk net vorbeigfahrn war

ZWEITE NACHBARIN

Wann der net vorbeigfahrn war

ERSTE NACHBARIN

Wieso is denn der vorbeigfahrn

ZWEITE NACHBARIN

Der hätt ja net vorbeifahrn müassn
Wia dö alle fahrn dö Türkn
Angst kunnst kriegn Angst

ERSTE NACHBARIN

Der hat vorbeifahrn müassn
wia da Herr Geißrathner den Kübe ausglaart hat

ZWEITE NACHBARIN

Da Herr Geißrathner is nausganga mitn Kübe
und hat n auslaarn wolln
und da is der Türk vorbeigfahrn
grad da
vui z schnell

ERSTE NACHBARIN

De fahrn wia de Teifeln
da kannst di glei fürchtn
wia dö fahrn
dös Gsindl wia dös fahrt
aso a armer Mensch der Herr Geißrathner
aso a tüchtiger Mensch
aso a menschenfreundlicher Mensch
heut zu tag komma gar nimma
üba d Straßn gehn
ohne daß ma Angst habn muaß
Aso a schena Mensch

ZWEITE NACHBARIN

Den Herrn Geißrathner moanans

ERSTE NACHBARIN

Ja

ZWEITE NACHBARIN

Er is no auf an Tanzkurs gangen

ERSTE NACHBARIN

Ja

ZWEITE NACHBARIN

Übrigens hat si a Neffe vom Herrn Geißrathner aufghängt

ERSTE NACHBARIN

Wieso

ZWEITE NACHBARIN

Dös woaß i net

ERSTE NACHBARIN

Der Neffe von dem da Herr Geißrathner allwei gredt hat

ZWEITE NACHBARIN

Ja von dem der Herr Geißrathner allwei gredt hat
der wo in Ingolstadt a Haus ghabt hat

ERSTE NACHBARIN

Der wo in Ingolstadt a Haus ghabt hat

ZWEITE NACHBARIN

A Zwoastockhaus
dös wo er an an Tapezierer vermietet hat

ERSTE NACHBARIN

An an Tapezierer sagn S

ZWEITE NACHBARIN

Ja an an Tapezierer

ERSTE NACHBARIN

Und wieso hat der si aufghängt

ZWEITE NACHBARIN

Wegen einem Verfahren

ERSTE NACHBARIN

Einem Verfahren
Was für einem Verfahren

ZWEITE NACHBARIN

Wegen einem Konkursverfahren

ERSTE NACHBARIN

Ja is a denn in Konkurs gangan

ZWEITE NACHBARIN

Na er net
der dem wo er des Haus vermietet hat
der Tapezierer
aber eigentlich a net der Tapezierer

sondern der der wo dem Tapezierer dö Gestelle
geliefert hat

ERSTE NACHBARIN

Welchene Gestelle

ZWEITE NACHBARIN

Ja die Gestelle de wo ein Tapezierer braucht
de Gestelle für de Sofa und für de Sesseln

ERSTE NACHBARIN

Aso

ZWEITE NACHBARIN

Und wias eahm gfundn habn
habns Wiederbelebungsversuche versucht
aber es hat nix gnutzt
er hat sich an der Wohnzimmertür aufghängt
am Hosenträger
komisch net

ERSTE NACHBARIN

Ja

ZWEITE NACHBARIN

Drei Tag habns n net gefundn
erst bis außagstunga hat bei da Tür
gräuslich net
Was in so Menschn vorgeht
dö was sie umbringan
Aufhänga mecht i mi net
übahaupts net umbringa
dös san ganz eigenartige Menschn
Mei Muatta hat allwei gsagt
a Mensch der si umbringt

is a gfährlicha Mensch
Aber dös woaß ma erst
wann er sie umbracht hat
daß a a gfährlicher Mensch gwen is
schaut zum Totengräber hinüber
Wia der zu dem Haus in Ingolstadt kemma is
Vielleicht hat er a a Erbschaft gmacht
der hat ja so komische Verwandte ghabt
der Herr Geißrathner
Nacha hat er allwei gsammelt
kennans eahna nu erinnern
wia a für de Therese von Konnersreuth
gsammelt hat
Und für die Sahelzone
Jahrelang hat er für die Sahelzone gsammelt
Und wer woaß wo dös Geld hikemma is
Sei Schwesta hat si a Pension baut im Kleinen
Walsertal
Wer woaß mit was für an Geld
vielleicht mit dem Geld für die Sahelzone wer
woaß
Es gibt scho komische Leut
de zerscht nix ham
und dann hams aufoamal a Pension
Eine Frühstückspension
Aba dö hat si a übanomma
de is bald gstorbn
De Frühstückspension hats nur zwoa Jahr
ghabt

dann is gstorbn
Da Herr Geißrathner is ja a paarmal nach Augsburg gfahrn
zu einem Anwalt
Wissen S der hat dunkle Geschäfte gmacht glaub i
Der war mir immer verdächtig

ERSTE NACHBARIN
Da is scho was dro

ZWEITE NACHBARIN
Nachn Kriag hat er nix ghabt
und nacha hat er so vui ghabt

ERSTE NACHBARIN
Aber den Altar hat er renovieren lassn
auf seine Kostn

ZWEITE NACHBARIN
Ja da habn S recht
aba mit was füar oan Geld

ERSTE NACHBARIN
Man soll net allwei so schlecht denga
I deng net allwei so schlecht vo de Menschn
Net alle Menschn san schlecht

ZWEITE NACHBARIN
Aba de meistn
de meistn san schlecht
Aba üba kan Dodn soll nix Schlechts gsagt werdn

ERSTE NACHBARIN
Ma vasündigt si leicht

ZWEITE NACHBARIN *schaut über die Friedhofsmauer zum Dorf hinüber*
Jetzt is da Mai a schon glei vorbei

ERSTE NACHBARIN
Dö Zeit vageht vui z schnell
z erst wenn ma jung ist
vagehts net und vagehts net
und nacha vagehts vui z schnell
wenn ma oamal alt ist

ZWEITE NACHBARIN
Aba Frau Trutzwall
Sie san ja no jung
Sie san ja no so jung

ERSTE NACHBARIN
Dös sagt sich so leicht
es sagt sich so leicht

ZWEITE NACHBARIN
Wie alt is denn da Herr Geißrathner gworn

ERSTE NACHBARIN
Zweiundsechzig
Im zweiundsechzigsten is a gwen

ZWEITE NACHBARIN
Des is ja kein Alter

ERSTE NACHBARIN
Der hätt net sterbn brauchen
Der is ja total gsund gwesn
ein gesunder Mensch
den habns ja bloß oschaun brauchen
wia gsund der gwesn ist

eine Sportlernatur war der Herr Geißrathner

ZWEITE NACHBARIN

Ja des stimmt
Voriges Jahr war er noch auf dem Zwiebelhorn

ERSTE NACHBARIN

Und auf der Wettersteinnordwand
dös hat eahm gar nix ausgmacht
der is nauf wia a Junga
Und dann dös

ZWEITE NACHBARIN

Der Tod tritt eben jeden an Frau Trutzwall

ERSTE NACHBARIN

Ja der kennt nix der Tod

ZWEITE NACHBARIN

Dö Leit sterbn heit wia de Fliagn
gleich obs auf dö Straßn gengan oder net
im Bett sterbns und auf da Straßn sterbns
Aber so a bleda Tod
daß n a Türk überfahrn muaß
Eigentlich hätt der eigsperrt ghört

ERSTE NACHBARIN

Aber der war ja gar net schuld
Schuld war ja der Herr Geißrathner selber

ZWEITE NACHBARIN

Ja schon
aber eingsperrt hätt a doch ghört
alle dö was da umanandarennan de Türkn
und Jugoslawen
ghörn eigsperrt

ERSTE NACHBARIN

Der hat weda rechts no links gschaut
der Herr Geißrathner

ZWEITE NACHBARIN

Der is vui z schnell daherkemma der Türk
a so an junga frecher
wia s jetzt umananda fahrn
dö kennan da nix
Der Herr Geißrathner is einfach nei glafa in den Türkn mit sein Radl

ERSTE NACHBARIN

Aba sterbn hätt a net braucha der Herr Geißrathner
a so a schena Mensch

ZWEITE NACHBARIN

Und ein Wohltäter
Der Herr Geißrathner war ein Wohltäter
nicht nur für die Gemeinde
sondern für ganz Bayern
und für die ganze Welt
weil der hat jahrelang
für die Sahelzone gsammelt
i woaß gar net wia vui
aber jahrelang
Und den Altersheimball hat a er zahlt
jedes Jahr
Und die Katastrophenhilfe hat er unterstützt
Wenn ein Hochwasser war
hat der Herr Geißrathner gsammelt

ERSTE NACHBARIN

Die die was sammeln
und die die helfn
wern zsammgfahrn
und dö andern lafan umanand
Manchmal glab i schon
es gibt gar koan Herrgott
Weil dö dö Gutes tun
sterbn müassn
wia da Herr Geißrathner
und dö dö gar nix tan
lafan umanand
Der Türk laft umanand
und da Herr Geißrathner liegt in da
Totenkammer
Dö Welt is scho varruckt
Na ja andererseits
der hats übastandn
i denk mir oft
wenn er schnell eintritt
ohne daß weh tut
soll es mir recht sein
aba von so an Lausbuam übafahrn werdn
des mecht i net
da kann i ma scho was anders vorstellen
einen schönen Tod hat mein Vater immer gsagt
kann man sich wünschen
aber habn tun ihn die Andern
Aba es gibt natürlich Ausnahmen

Das ist dann die Ausnahme
von der Regel

ZWEITE NACHBARIN

Der Herr Geißrathner hat vor einem Jahr
einmal zu mir gsagt
i soll mich untersuchen lassen
von einem Spezialisten
weil i immer solche Zuckungen in der rechten
Hand hab
es fehlt mir an Kalium hat er gsagt
und aus dem kann leicht ein Krebs entstehn

ERSTE NACHBARIN

Aso

ZWEITE NACHBARIN

Aba i hab bis heit keine Zeit ghabt dazu
Glabns daß i was halt von de Ärzte
I net

ERSTE NACHBARIN

I a net

ZWEITE NACHBARIN

Aba nacha is zu spät
wenn s einmal wirklich weh tut
dann ist es zu spät

ERSTE NACHBARIN

Auf welche Gedanken Sie kommen

ZWEITE NACHBARIN

Des regt natürlich o
wenn man da auf das offene Grab
vom Herrn Geißrathner schaut

I schau ja net gern hin
wenn ein Grab ausgschaufelt wird
Mein Vater hat immer gsagt
Der Tod macht gar nix
nur s Sterbn is bled
Dö warn scho guat dö was solche Sprüche
gwußt habn
Z erst kriagt ma de Kinder
und dann muaß ma zuschaun
wia s eingegraben werdn
Des Menschen Leid ist unermeßlich
hat mein Vater immer gsagt
Der Herr Geißrathner hätt no zwanzig Jahre
leben können
oder noch länger

ERSTE NACHBARIN

Wo er ein so gsunder Mensch gwesen is

ZWEITE NACHBARIN

Angeblich hat er
eine Verkalkung ghabt

ERSTE NACHBARIN

Eine Verkalkung

ZWEITE NACHBARIN

Ja
im Kopf
Da Dokta hats gsagt

ERSTE NACHBARIN

Der und im Kopf a Verkalkung
daß i net lach

Wann wer eine Verkalkung im Kopf ghabt hat
dann bestimmt nicht der Herr Geißrathner
Der und eine Verkalkung

ZWEITE NACHBARIN

Eine fortgeschrittene Verkalkung

ERSTE NACHBARIN

Aba net der Herr Geißrathner
der wo der Intelligenteste im ganzen Ort war
Glaubns der hätts so weit bracht
wia der s bracht hat
wenn der verkalkt gwesen wär
dös glabns doch selber net
Des sagt der Dokta doch nur
damit der Türk entlastet ist
der entlastet doch nur den Türken
Na dös is ma z durchsichtig

ZWEITE NACHBARIN

I sag ja nur
was i ghört hab

ERSTE NACHBARIN

Na dös is ma z durchsichtig Frau Trutzwall
Der Herr Geißrathner
hat ja die Maturität ghabt

ZWEITE NACHBARIN

Aso

ERSTE NACHBARIN

Mit Auszeichnung
Der war in Passau auf dem Gymnasium
und er hat in München maturiert

Nein so was glab i net
daß der Herr Geißrathner verkalkt gwesen is
Dös glabn S doch selba net Frau Trutzwall

ZWEITE NACHBARIN

I sag nur was i ghört hab
Pfarrer tritt aus dem Portal und geht an den beiden Nachbarinnen vorbei

BEIDE NACHBARINNEN *gleichzeitig*

Grüß Gott Herr Pfarrer

PFARRER *dreht sich kurz um und sagt zu beiden*

Grüß Gott
Und geht ab

ERSTE NACHBARIN

Wia der geht
so an schenan Gang hat er der Herr Pfarrer
i kenn neamd der so schön geht
und derweil is a scho siebzig
Der Pfarrer ist die Seele des Dorfes
hat mei Vata allwei gsagt
plötzlich zur Frau Trutzwall
Habn S schon unterschriebn

ZWEITE NACHBARIN

Was

ERSTE NACHBARIN

Ja daß unser Pfarrer net versetzt wird

ZWEITE NACHBARIN

Ja

ERSTE NACHBARIN

Unterschriebn habn S

ZWEITE NACHBARIN

Ja

ERSTE NACHBARIN

Nach Freimosen versetzen
so ein Blödsinn
wo mir keinen bessern Pfarrer nicht haben können
Aber jetzt bleibt er ja da
So an schenan Gang hat er
Und der Mantel
wia schen der is
Den hat eahm a der Herr Geißrathner machen lassen
beim Herrn Winkelhofer in Murrschhausen
Der Herr Geißrathner hat eahm die ganzen Mäntel
machen lassen
und die Schuhe auch
ganz leichte Schuhe
andere vertragt er nicht
er hat so empfindliche Füße
Na sowas jetzt is der Mai
a scho glei vorbei
Ma glabts kaum
im Sommer fahr ich mit meiner Tochter nach Palling
die wo dort ein Haus hat
a so a schens Haus
mit einem Blick wo S die ganzen Berge sehn

In da Ferne
Sie schaun naus und sehn die ganzen Berge
Und da kann ich stundenlang sitzen am Abend
Dann essen mir im Garten
und trinken Kaffee
und dann haben wir einen Farbfernseher
Mei und dann legn ma uns bald nieda
weil nirgends is a so a guate Luft wie in Palling
Kennan S Palling net

ZWEITE NACHBARIN

Ja scho

ERSTE NACHBARIN

Mei und die Blumen
die was dort wachsen
nirgends wachsen dö Blumen so sche
so schene Farben eine Pracht Frau Trutzwall
Jetzt haben sie dort eine Kinderklinik gebaut
der wo ein bekannter Primar vorsteht
der was aus Kiel an der Ostsee ist
der soll der beste sein von allen
Der operiert gar nicht
der heilt alle so
Wenn Sie einmal was haben Frau Trutzwall
gehn S nach Palling
der is nicht nur für Kinder
der is auch für Erwachsene
der behandelt auch Krebs
alles Frau Trutzwall
Vielleicht fahrn S einmal mit mir

In Palling gibts so schöne Spazierwege
Und eine Trikotagenfabrik
die was die schönsten Trikotagen macht
und die kennas kaufen in Palling
um den halben Preis
Wenn ich nach Palling fahr
kauf ich mir immer was zum Unterziehen
man kann nicht genug Unterwäsche haben
Kennan S Palling wirklich

ZWEITE NACHBARIN

Ja

ERSTE NACHBARIN

Und wo habn S da gwohnt

ZWEITE NACHBARIN

Ich hab nicht in Palling gwohnt

ERSTE NACHBARIN

Aber Sie warn in Palling

ZWEITE NACHBARIN

Ja

ERSTE NACHBARIN

Ja sind S vielleicht nur durchgfahrn

ZWEITE NACHBARIN

Ja

ERSTE NACHBARIN

Gar so schön is net Palling
aber da wo mei Tochter is
da is sehr schön
Ganz weit nei ins Gebirge sieht man von unserm Balkon

Der Herr Geißrathner
hat uns einmal besucht
wie meine Tochter das dritte Kind kriegt hat
da hat er ihr Blumen gebracht
frische schöne Schwertlilien
Er war doch ein feiner Mensch
mit Takt
so schöne Hemden hat er immer anghabt
die was ihm seine Wirtschafterin gnäht hat
Der war das ganze Leben nicht verheiratet
ein komischer Mensch
aber ein taktvoller Mensch
schaut zum offenen Grab hinüber
Und so ein Mensch muß sterben
weil ein solcher Lausbub daherfahrt
ein so ein Lausbub ein so ein damischer
zur Nachbarin direkt
Wer sammelt denn jetzt für die Sahelzone
Und für die Winterwaisen
Ein solcher edler Mensch muß sterben
Mehrere Türken sind vor der Friedhofstür vorbeigegangen, andere gehen noch immer vorbei

ZWEITE NACHBARIN

Und solchene gehn herum
Eine Schande ist das

ERSTE NACHBARIN

So ein edler Mensch

ZWEITE NACHBARIN

Ich seh ihn noch wie er sagt

ich soll doch einmal hundert Mark geben für
die Sahelzone
nicht nur fünfzig
obwohl fünfzig ja auch schon sehr viel waren
Der war so ein hypnotischer Mensch
der Herr Geißrathner
Ich hab ihm hundert Mark gegeben
Wenn ich gwußt hätt
daß er zwei Tage darauf
Glabns dös Geld

ERSTE NACHBARIN
Ja dös kommt schon hin dös Geld
in die Sahelzone
Auch wenn der Herr Geißrathner nicht mehr
da ist

ZWEITE NACHBARIN
Glabns
Glabns daß dös hinkommt
I woaß net

ERSTE NACHBARIN
Freilich Frau Trutzwall

ZWEITE NACHBARIN *schaut zu den vorbeigehenden Türken hinüber*
Und solche laufen frei herum
solchene Arbeitsscheue und Tachinierer

ERSTE NACHBARIN
Und für die Winterwaisen
hab ich zwanzig Mark zahlt
noch einen Tag bevor er zsammgfahrn
worden is

ZWEITE NACHBARIN

I net

ERSTE NACHBARIN

Aba i schon
Zu mir ist der Herr Geißrathner immer zerst
kemma
zerst zu mir dann zu dö andern
Zwanzig Mark für die Winterwaisen
womöglich hat er die noch gar nicht abgliefert

ZWEITE NACHBARIN

I glab net

ERSTE NACHBARIN

Ko scho sei
Aba i valangs nimma zruck
dös geht ja gar net
i habs ja scho abgebn
ruft zum Totengräber hinüber
Herr Zorneder
wie weit grabn S denn hinein
wie tief liegt denn der Herr Geißrathner dann

ZORNEDER *ruft zurück*

Zweimetersechzig
genau nach der Vorschrift

ZWEITE NACHBARIN

Solche Vorschriften haben meinen Vater
immer wahnsinnig gmacht
ruft zu Herrn Zorneder
Aba heut is guat arbeiten net
so sche feicht

ZORNEDER *ruft zurück*

Ja so sche feicht
Mehrere Türken kommen ans Friedhofstor und bleiben kurz stehen und schauen herein

ZWEITE NACHBARIN

A so a Gsindl
da schaugn s a nu eina de Türkn
aso a Gsindl a gräusligs
Dö fressn uns alles weg
Tan nix und fressn uns alles weg
Und wia dreckig dö san
dö waschn si ja net amal
s ganze Jahr waschn si dö net
Na so was gräusligs
schaugn Sis nur o dö

ERSTE NACHBARIN

Aba dö kennan ja nix dafür
daß der Herr Geißrathner tot is

ZWEITE NACHBARIN

Dös is wurscht
dös interessiert mi net
zur ersten Nachbarin
vagast ghörns
vagast
zum Totengräber Zorneder hinüber
Dö ghöradn vagast
alle vo dö ghöratn vagast
Zorneder gräbt ungestört weiter
Die Türken nicken und sagen leise Grüßgott und

gehen weiter
Die Turmuhr schlägt achtmal

ZWEITE NACHBARIN

Läus hams
Wanzn hams
und frech sans
und wegfressn tans uns ois
des Gsindl
Kinder macha kennans
aba arbatn tans nix
ob dös Türkn san oder Jugoslawn
aso a Gsindl
vagast ghörns
alle vagast

ERSTE NACHBARIN

Regns eahna doch net so auf Frau Trutzwall

ZWEITE NACHBARIN

Vagast ghörns alle
alle
schreit den Türken nach
vagast

Vorhang

Match

Kroll, ein Polizeibeamter
Maria, seine Frau
Im Schlafzimmer

Kroll sitzt mit nacktem Oberkörper auf dem Bettrand und verfolgt ein Fußballspiel im Fernsehen. Nachdem das Publikum im Stadion aufgeschrien hat, sagt er Idiot *vor sich hin und starrt wieder bewegungslos auf den Bildschirm. Wieder schreit das Publikum auf und wieder sagt Kroll* Idiot.
Maria kommt aus der Küche mit einem Uniformrock herein und bleibt an der Tür stehen. Ihr Mann nimmt von ihr keine Notiz.

MARIA
I möcht ins Bett geh
Ins Bett möcht i geh
Sie tritt einen Schritt vor
Ins Bett möcht i geh

KROLL
Kost ja

MARIA
Halbelfe is
jeden Tag is halbelfe
Jeden Tag

KROLL *nachdem das Stadionpublikum aufgeschrien hat*
Idiot

MARIA
Ins Bett möcht i geh

I möcht ins Bett geh
Sie begutachtet den Uniformrock, kontrolliert die Taschen und die Ärmel, den Kragen
In Kragn hast zrissn
ganz zrissn
I hab n zuagnaht
aba wia
a so a Riß
habts wieda graft
Sie legt den Uniformrock über eine Sessellehne
De mag i net de Demonstrationen
da kennt ma si net aus
Z weng was demonstrierns denn
arbatn sollns
net demonstriern
Und de Polizei
i woaß net
Sie geht zum Fenster und schaut hinaus

KROLL *nachdem das Stadionpublikum aufgeschrien hat*
Idiot
a so a Idiot
Blöda Hund
blöda Hund

MARIA
I ko scho gar koa Wäsch mehr naufhänga
aufn Speicha
alls is vollgramt
a jeder haut sei Klumpat einfach aufn Speicha nauf

Mia habn nix aufn Speicha
Hast ghört
I kann gar koa Wäsch mehr naufhänga aufn Speicha
hörst net
Sie dreht sich um
So vui Wäsch
und i hab gar koan Platz aufn Speicha
I woaß net wo i de Wäsch hinhänga soll
dö haun eahna ganz Klump
aufn Speicha nauf
Hörst net
Sie geht zum Tisch und richtet alles gerade
De Hemdn san scho alle durchgwetzt
Des is alls nix mehr wert
Da Kunststoff is a nix mehr wert
Alls durchgschwitzt
Und wann gehst nacha zum Dokta
Hast heut wieder Bauchweh ghabt
obst heut wieda Bauchweh ghabt hast
obst heut wieda Bauchweh ghabt hast
Du
i hab was gfragt
dreht sich nach ihm um
Hast Bauchweh ghabt heut oda net

KROLL *bewegungslos auf den Bildschirm starrend*
A so a blöda Hund
blöda Hund

MARIA
Obst Bauchweh ghabt hast heut

Wo s d gestern gjammert hast
rechts hast gsagt
rechts hast Bauchweh ghabt
oder auf da linkn Seitn
Wo hast denn heut Bauchweh ghabt
stichts di net heut

KROLL

Gib a Ruah

MARIA

Ma werd si doch no nach deiner Gsundheit
erkundign derfn
Mei Bauch is net
Mei Bauch is net
Mir is wurscht
gehst halt net
gehst halt net zum Dokta
Sie holt ihr Nachthemd aus dem Schrank
Aba des sag i da
i habs da gsagt
nacha is z spät
nacha konnst net sagn
i hab nix gsagt
Dös ko ja a was Ernstes sei
Dös hast ja scho monatelang
daß s die sticht
Sie legt das Nachthemd auf das Bett
So vui Wäsch jeden Tag
früher war net so vui Wäsch
Was is nacha

fahrn ma nach Meran oda net
i mag eigentlich gar net nach Meran
i fahrad lieber nach Wolfratshausn
da dafang i mi am besten
und für di is Meran a nix
in Wolfratshausn is a sche
Was moanst
wann mir in Wolfratshausn uns
um a Zimmer umschauatn
mit an Balkon
und an Bad
wann i an Balkon hab in Wolfratshausn
mehr brauch i net
Warum solln mir immer zu *deiner* Schwester fahrn
und net nach Wolfratshausn zu *meiner* Schwester
Wo Meran so teuer is
nix is so teuer wia Meran
und die Italiener mag i a net
dös Gsindl
dö reißn da ja zu da Handtaschn
a no den Kopf aba
Mitn Auto fahrat i scho gar net hin
und mit n Zug is z teuer
Und wo dö allwei streikn
dö tan ja nix dö fauln Hund
I mag Meran überhaupt net
i mag dö Italiener net

und die Meraner schon gar net
In Wolfratshausn habn ma so schöne
Spaziergänge
und wenn mir an Balkon habn
mehr brauch i net
dö guate Luft
der schöne Blick
ins Tal
Nachat konn i a de Westn strickn
dö was d megst
dö warme Westn
dö mit n Bauchschutz
oder mechst a andere Westn
oder mechst do dö mitn Bauchschutz
setzt sich auch aufs Bett
Dö mitn Bauchschutz
dö is fei warm
und wo s d mit dö Niern oiwei was hast
dö is fei guat
aba dö braucht no amal so vui Woi
aba dös macht nix
In Wolfratshausn hab i Zeit
Du bist fei no vui dicker worn
i moan du hast fünf oder sechs Kilo
zuagnumma
aba abnehma is a nix
a so a zsammgschrumpfta Mo is a nix
dö was so ausgrunna san dö san a nix
dö wern krank

aba heut is dö Magermode
dö mag i net dö was mit dera Magermode
gengan
plötzlich
Is scho Halbzeit gwen
starrt auf den Fernsehschirm
is scho Halbzeit

KROLL
Gib a Ruah

MARIA
I moan ja nur
ob scho Halbzeit gwen is
Jetzt is scho bald dreiviertelelfe
wo s d morgn so bald aufstehn muaßt
oda hast vagessn
Morgn muaßt s Bier holn
vier Kistn muaßt mitnehma
sonst muaßt Einsatz zahln
nimmt ihre Kämme vom Kopf und lockert ihr Haar
Eigentlich möcht i gern
in Zirkus geh
gemma in Zirkus
i mag gern einen Clown
mia san schon so lang
in koan Zirkus mehr gwen

KROLL *nachdem das Stadionpublikum aufgeschrien hat*
Blöda Hund

MARIA
Auf einem Sperrsitz

mecht i sitzn
ganz vorn
I hab fei scho Angst vor die Löwen
du lachst allwei
wenn i Angst hab
schaut auf den Fernsehschirm
S Gas wird so teuer
hast dös glesen
um zwanzig Prozent
schaut zum Fenster
Die Frau Lobinger
macht mit ihrem Mann
eine Kreuzfahrt
um dreitausend Mark
dö habn scho eizahlt
drei Wochen
Schwimmbad ist eins an Bord
mit Buffettfrühstück
Aba dös wa für mi nix
i bin liaba in Wolfratshausn
mia wa dös langweilig
dö ganze Zeit an Bord
und ma ko net aba
und nacha sehgns nix
weil dö Zeit z kurz is
dö was im Hafen san
da trauat i mi gar net aba gehn
nacha fahrt no das Schiff weg
und i bin woaßgottwo

na dös wa nix für mi
Der Herr Lobinger
hat an Krebs
sie sagt
der war beim Arzt
bei einem Internisten
der hat sein Blut untersucht
und dös is bösartig
und nia hat der was ghabt
er glabts net
steht auf und nimmt den Uniformrock in Augenschein
A so a Riß
da habts wida graft
mit dö jungan Leut
mit dö Studentn
a so a Gsindl
statt daß arbatn
hauns alles zsamm
alles hauns zsamm
weils nimma wissn
was s tuan solln
weil eahna langweilig is
begutachtet den Uniformrock
a so a schena Rock
mei
und a so a Riß
brauchats direkt an neichn
legt den Rock wieder auf die Sessellehne
Dös hätts früha net gebn

daß dös Gsindl auf d Straßn geht
da ghörat scho
a starke Hand her
untern Hitler hätts dös net gebn
a so a Gsindl
um an jedn von euch muaß ma fürchtn
jeden Tag denk i ma
vielleicht kimmst gar nimma hoam
kunnt ja sein
daß s die zsammhaun
und was hast nacha davon
nacha steh i da
mit nix
a so a Gsindl
a so eine Verkommenheit
dö was heut herrscht
mit dene vafahrad i ganz anders
aba ös seid s ja feig
da schiaßat i glei nei
in dös Gsindl
da haltat i mi net
an dö bledn Vorschriftn
dö traun si ja gar nix mehr
dös wui a Staat sei
daß i net lach
statt daß eineschiaßats
a so a schena Rock
den kost ja gar nimma oziagn
da muaßt di ja schama

den Riß ko ma ja gar nimma so zuanahn
wia s a si ghörat
da tat i eineschiaßn in dös Gsindl
Was bist denn du für a Mo
der was a so hoamkimmt
mit an solchan Riß in Rock
und dö Hosn
wer woaß wia d Hosn ausschaut
dö Hosn is wahrscheinlich a zrissn
fragend
Is dei Hosn a zrissn
wahrscheinlich is d Hosn a zrissn
I flick da s nimma
dö ko ma ja gar nimma flicka
wann s a so zrissn is

KROLL *nachdem das Stadionpublikum aufgeschrien hat*
A so a Aff
a so a bleda Aff

MARIA
Was i für an Mo gheirat hab
der was sie jeden Tag d Uniform zreissn laßt
der wo si aufn Kopf naufmacha laßt
Ös seid s alle gleich
feig seids feig
mit dene Studentn vafahrad i ganz anders
da schiaßad i einfach nei
nacha war a Ruah
Sie beginnt sich auszuziehen
Wo kammat ma denn hi

wann dö macha kennan was s woin
dös Gsindl
I fahr auf koan Fall nach Meran
i fahr net ins Ausland
i fahr nach Wolfratshausn
du kannst macha was d wuist
I setz mi auf n Balkon
und schau ins Tal
a so a schens Tal
a so a schens Tal gibts in Italien gar net
und i bin wenigstens wieda amal
mit meiner Schwester zsamm
A so a Westn mit an Bauchschutz
hat d Frau Lobinger ihrn Mann gstrickt
und wia guat dö Westn is
wenns kalt is
aba dös braucht länger
mit an Bauchschutz
als wia a Westn ohne Bauchschutz
Und übahaupts in Italien
wo lauta Nackerte umananda rennan
dös mag i net
alle rennan nackert umanand
dö habn überhaupts koan Anstand net
weils hoaß is glaubns
sie kennan nackert umanand rennan
dös gibts in Wolfratshausn net
plötzlich
Du muaßt halt amoi richtig eineschiaßn

in de Studentn
dann is a Ruah
dö spuin sie ja nur mit euch
dö machan euch aufn Kopf
dö wern aufgstachelt von dö Judn
und machan euch aufn Kopf
da schiaßat i nei
nacha is a Ruah
Du kimmst ja jetzt scho jedn Tag
dafetzt hoam
Wia der Rock ausschaut
a so a schena Rock
dös muaß ja gar net sei
De Frau Lobinger flickt ihran Mo d Uniform
net a so wia i
dö dazöiat ihrn Mo was anders
Mit dera kost so was net macha
zieht sich die Strümpfe aus
Aba in dera ihra Haut
mecht i a net stecka
na in dera ihra Haut net
Und da Lobinger is ja a a Depp
der sagt was sie wui
der plappert ihr alls nach
was der für a Mo ist
den mecht i net
wirft ihre Strümpfe in die Ecke und zieht sich das Unterhemd aus
Mit dem Gsindl fahrad i a

i schiaßad eine
da kennat i nix
starrt plötzlich auf den Bildschirm
Is scho dö zweite Halbzeit
heast mi
ob scho dö zweite Halbzeit is
Wia stehts eigentlich des Spui
Wea spuilt denn
San dös Engländer vielleicht gar
dö schaugn aus als wia wanns Engländer warn

KROLL *nachdem das Stadionpublikum aufgeschrien hat*
A so a bleda Hund
a so a bleda

MARIA *mit ihrem Mann auf den Bildschirm starrend*
Dö ghörn alle nausgschmissn aus n Stadion
nausschmeißn tat i dö
nausschmeißn
Sie umarmt ihren Mann von hinten und starrt genauso intensiv wie er auf den Bildschirm und öffnet ihm dann die Hose
D Engländer san a a Gsindl
alle san a Gsindl
Da schiaßad i eine
da tat i eineschiaßn
Mo
Was du für a Mo bist
i schiaßat eine
eine schiaßat i
nei

Sie umarmt ihn und zieht ihn zu sich auf das Bett
Das Stadionpublikum bricht in Jubelgeschrei aus

Vorhang

Freispruch

Die Stärke des Faschismus besteht darin, daß er sich aus allen Programmen den vitalen Teil holt und die Kraft zu ihrer Durchführung besitzt ...

Mussolini

Am Rhein. Sütterlins Haus. Wohnzimmer mit hohen Fenstern und schweren Innenfensterbalken. An einem großen, runden Tisch sitzen:
Herr Sütterlin, Gerichtspräsident und Massenmörder,
Herr Hueber, stellvertretender Gerichtspräsident und Massenmörder,
Herr Mühlfenzl, Gerichtsrat und Massenmörder, sowie deren Ehefrauen
Frau Sütterlin, Schulrätin,
Frau Hueber, Lehrerin,
Frau Mühlfenzl, Stadträtin, und feiern Kuchen essend und Champagner trinkend sozusagen den indirekten Freispruch Sütterlins.

HERR HUEBER *wie die andern schon leicht betrunken, wenn der Vorhang aufgeht*
Da waren wir doch sehr zufrieden
ein so schönes Balkonzimmer
direkt mit dem Blick auf den See
ausgezeichnetes Buffetfrühstück
zu Frau Sütterlin direkt
achtzig Mark pro Kopf und Person
Aber das Gebirge hat seine Launen
Wir wollten auch noch in den Wildpark
aber da machte uns ein Gewitter einen Strich
durch die Rechnung

FRAU HUEBER *zu Herrn Sütterlin*
Ich schrieb Ihnen doch die Karte
mit dem Mufflon

sind sie nicht rührend diese Tierchen
Ach die Kleinen
die einen so treu anblicken
Dann verkühlte sich mein Mann
und mußte zu Bett
lacht
diese alten Krachbetten
und dann regnete es acht Tage

FRAU MÜHLFENZL

Ist es nicht schrecklich
in einem kleinen Gebirgsdorf
wenn es ununterbrochen regnet
und nicht aufhört
da kann man doch auch nicht die ganze Zeit lesen
nicht wahr

HERR HUEBER

Wenn man auch noch gar keine Zeitung bekommt
in so einem Nest

FRAU HUEBER

Da sind wir einfach abgereist
Wir hatten drei Wochen gebucht
und nur eine Woche waren wir da
stellen Sie sich vor
Und zu Hause angekommen schlägt einem
wieder diese linke Saupresse ins Gesicht

FRAU SÜTTERLIN

Ach nehmen Sie doch

von der Torte
meinem Mann habe ich sie sogar in Buchenwald
gebacken
Da war das doch schwierig
Er liebt Linzertorte über alles
Aber sie darf nicht zu trocken sein
Mit der Sachertorte können Sie meinen Mann
jagen
aber die Linzertorte liebt er
er ist ein Linzertortennarr
zu Frau Mühlfenzl
Wenn es Sie interessiert
schreibe ich Ihnen das Rezept auf
Im Grunde ist es mein Geheimnis
aber Sie sollen wissen wie sie gemacht wird
eine Prise Zimt wissen Sie
nur eine Prise

HERR MÜHLFENZL
In Radom hatten wir doch sehr gut gegessen
und diese hübschen Polinnen
einfach Klasse
Denen schnitten sie einfach die Haare ab
die waren nicht ohne
Und dann schnitten sie ihnen einfach
die Haare ab
dann wanderten sie nach Auschwitz
wenn sie nicht parierten
lacht

FRAU MÜHLFENZL *zu ihrem Mann*
Aber Richard

immer dieselbe Geschichte

FRAU HUEBER

Die Polinnen waren beliebt
mein Mann schwärmte auch immer davon

HERR SÜTTERLIN

Aber die waren nichts
gegen die Dalmatinerinnen
die aus dem Karst
die kamen ganz unverbraucht an die Küste

FRAU SÜTTERLIN

Ich lernte meinen Mann ja
in Ragusa kennen
wir sagen nicht Dubrovnik
wir sagen Ragusa
Die Partisanen
die haben gewütet
die haben den Deutschen
wenn sie sie erwischt haben
die Augen ausgestochen
oder sie haben ihnen den abgeschnittenen Penis
in den Mund gesteckt
nicht wahr Richard
Ein schrecklicher Anblick
nicht wahr Richard
Sie gibt ihm ein Stück Linzertorte

HERR SÜTTERLIN

Die Partisanen waren das Schlimmste
wer den Partisanen in die Hände gefallen ist
der war bald

bis zur Unkenntlichkeit verstümmelt

FRAU SÜTTERLIN

Aber da war ein so schönes Kaffeehaus
da gingen wir hin
um Kaffee zu trinken
die hatten noch immer Sahne
wie's überall schon keine Sahne mehr gegeben
hat
Natürlich hatten wir Angst
aber das war ganz normal
daß wir Angst hatten
Den guten Johannes Kettwich
mit dem mein Mann in Plön
in das Gymnasium gegangen ist
hatten sie im Kaffeehaus
aus dem Hinterhalt erschossen
wie er Sahne gegessen hat
armer Junge
gerade wie ich in das Kaffeehaus hineingehen
wollte
knallten die ihn von hinten nieder
der hatte den Kopf in der Sahne liegen
zuerst dachte ich
wie komisch das aussieht
aber natürlich verging mir denn doch
das Lachen
Das war aber ein schönes Begräbnis
so hohe Zypressen da
Palmen und Agaven

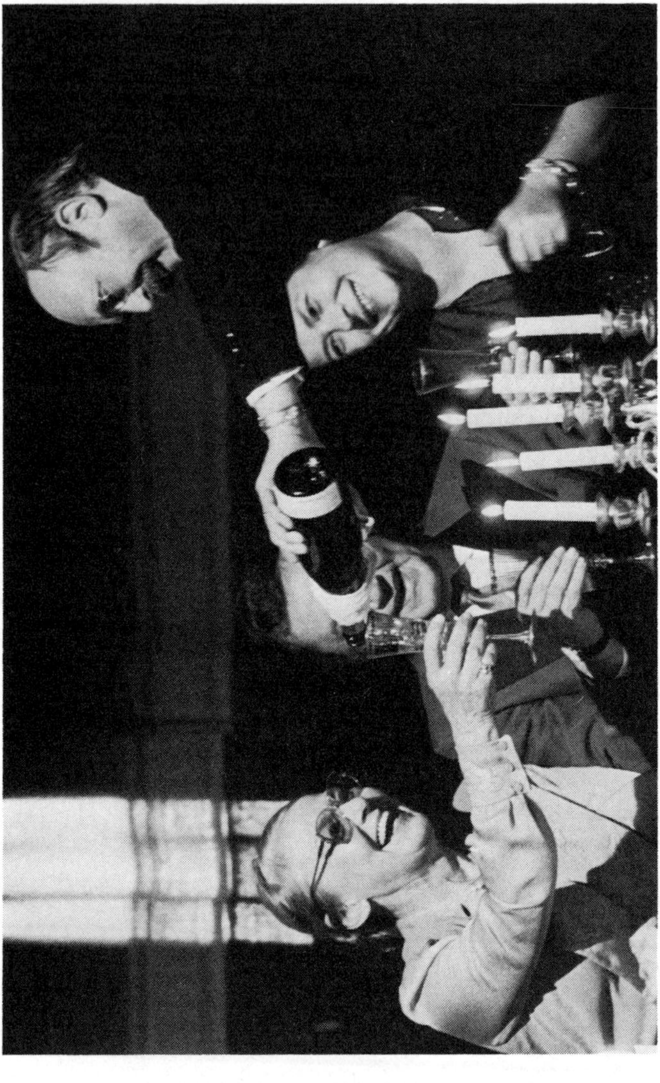

so eine süße Luft auf dem Friedhof
über ihren Mann
da hatte ich Zeit
meinen Mann gründlich zu beobachten
da entschloß ich mich
ihn zu heiraten
Nicht wahr
wir feierten Verlobung
wie Mölders an einem Tag drei Abschüsse
machte
Mölders
war das ein Mann

FRAU HUEBER
Und Nowotny

FRAU MÜHLFENZL
Der hatte doch das Eichenlaub mit Schwertern

FRAU SÜTTERLIN
Nicht nur mit Schwertern
mit Eichenlaub und Schwertern und Brillanten

FRAU HUEBER
Ich schwärmte für Nowotny

HERR MÜHLFENZL
Das war aber doch
bevor die Tirpitz sank

HERR HUEBER
Wann sank denn die Tirpitz

HERR SÜTTERLIN
Ja wann sank denn die Tirpitz

HERR HUEBER
So Ende vierundvierzig denke ich

HERR SÜTTERLIN

Ende vierundvierzig

HERR HUEBER

Kann sein

HERR SÜTTERLIN

Die Tirpitz sank Ende vierundvierzig
wenn nicht schon früher
wenn nicht schon früher

HERR MÜHLFENZL

Die sank vielleicht schon Anfang
vierundvierzig

HERR HUEBER

Vielleicht sank sie schon dreiundvierzig

HERR SÜTTERLIN

Dreiundvierzig bestimmt nicht

HERR MÜHLFENZL

Oder erst fünfundvierzig
möglicherweise sank sie erst fünfundvierzig

FRAU HUEBER

So ein stolzes Schiff

HERR SÜTTERLIN

Ich sehe sie noch auslaufen
Da stand ich in Wilhelmshaven an Land
als die Tirpitz auslief
tolles Schiff
da stand ich lange und sah ihr nach

FRAU MÜHLFENZL

Wo sank die denn

HERR MÜHLFENZL

Am Skagerrak nicht wahr

HERR HUEBER

Ich dachte am Kattegatt
am Kattegatt dachte ich

FRAU HUEBER

In der Ostsee nicht wahr

HERR SÜTTERLIN

Sank sie in der Ostsee
oder sank sie in der Nordsee
oder im Atlantik
Nun ja
merkwürdig daß ich nicht weiß
sank sie in der Ostsee
oder in der Nordsee

FRAU HUEBER

Jetzt ist die Tirpitz gesunken
jetzt geht es bergab
sagte mein Mann
natürlich dachten wir nicht an Niederlage
aber irgendwie ging es von da an
als die Tirpitz sank
bergab

HERR SÜTTERLIN

Bergab
wie es sich anhört bergab bergab
nun ja
Ich denke jetzt geht es doch wieder
bergauf
habe ich nicht recht
bergauf

bergauf
bergauf

FRAU SÜTTERLIN

Diese schönen deutschen Schlachtschiffe
wie die alle sanken
ich sehe das noch in der Wochenschau
und dazu Liszt
wie schrecklich
In der Wochenschau sah man
Deutschland sinken
und immer Liszt dazu
wie schrecklich
läutet dem Hausmädchen
Das Tragische waren die hohen Militärs
auf die sich der Führer nicht verlassen konnte
auf den Adel nicht
auf niemanden
Das Mädchen tritt auf

FRAU SÜTTERLIN *zu ihm*

Ach bringen sie uns doch noch etwas Sahne
Fräulein Nora
und dann servieren Sie im Salon den Kaffee
Das Mädchen geht hinaus

FRAU SÜTTERLIN

Die Generäle selbst
haben den Führer verraten
Die Militärs waren die Verräter
Wo stünden wir heute
wenn wir tapfere und treue Generäle gehabt hätten

zu Herrn Mühlfenzl
Herr Gerichtsrat Mühlfenzl
sagen Sie selbst
es gab doch nicht einen einzigen
wirklich führertreuen General
nicht einen einzigen
Die Katastrophe mußte kommen
denken Sie nur an die Leute wie Brauchitsch
wie von Rundstedt
ganz zu schweigen von Paulus
ich schäme mich
diesen Namen überhaupt in den Mund zu
nehmen
Überhaupt die Männer
waren nie so treue Deutsche wie die Frauen
Die Männer sind Deutschland immer
in den Rücken gefallen
Mit ein paar Ausnahmen
blickt sich in der Runde um
zu ihrem Mann
Du zum Beispiel
zu Mühlfenzl
und Du unser lieber Gerichtsrat
und zu Hueber
und Du unser stellvertretender
Gerichtspräsident
Ich sage zu meinem Mann immer
wenn dich der Schlag trifft
wird Hueber dein Nachfolger

das hört er nicht gern
zu ihrem Mann, Herrn Sütterlin
Nicht wahr
damit erschrecke ich dich
Aber wie ich dich kenne
überlebst du uns alle
Sie steht auf und geht zu einem Plattenspieler und legt eine Platte mit dem Schlußchor aus Beethovens Neunter auf
Nein nicht diese Töne
wir wollen doch heute keinen tragischen Ton aufkommen lassen
Das Mädchen bringt eine Schüssel mit Sahne herein und stellt sie auf den Tisch

FRAU SÜTTERLIN *zum Mädchen*
Machen Sie den Kaffee stark Fräulein Nora
Nun gehen Sie schon
Das Mädchen geht hinaus

FRAU SÜTTERLIN *über das Mädchen*
Wie dumm diese Geschöpfe sind
wie dumm
Jetzt ist sie schon zwei Jahre im Haus
und weiß noch immer nicht
wie Sahne geschlagen wird
Sie setzt sich wieder an den Tisch
Aber wir kommen ohne diese Dummköpfe nicht aus
plötzlich zu ihrem Mann
Du hast zwölftausend umgebracht

verzeih das harte Wort
blickt auf Hueber
und Hueber hat dich freigebracht
wie Mühlfenzl mich freigebracht hat
schließlich habe ich eigenhändig
achtundzwanzig umgebracht

HERR SÜTTERLIN *mit hocherhobenem Kopf*
Erhängt

FRAU SÜTTERLIN
Ja

HERR SÜTTERLIN
Neunzehn Französinnen
und neun Russinnen

FRAU SÜTTERLIN
Ja so ist es

HERR SÜTTERLIN
Aber die Zeit heilt schließlich
alle Wunden
was danken wir nicht alles
der Firma Hueber und Mühlfenzl sage ich immer

FRAU SÜTTERLIN
Das sagt er wirklich
manchmal
wenn er in sich geht
Aber wir wollten fröhlich sein nicht wahr
reicht die Sahneschüssel herum
Nehmen Sie sich doch von der Sahne

HERR HUEBER

In Buchenwald war es ja nicht so schlimm
nicht wahr

HERR MÜHLFENZL

In Ebensee auch nicht
in den kleineren Lagern war es nicht so schlimm
da sind ja auch nicht Millionen umgekommen

FRAU SÜTTERLIN

In Buchenwald war es nicht so schlimm
stellt die Sahneschüssel auf den Tisch
Übrigens
in Buchenwald haben mein Mann und ich geheiratet
das war gar nicht leicht
ein weißes Kleid aufzutreiben

HERR MÜHLFENZL

Und hatten Sie eine lange Schleppe

FRAU SÜTTERLIN

Ja

HERR SÜTTERLIN

Die Schleppe meiner Frau war drei Meter lang
französische Seide
direkt aus Paris
die Zeremonie duftete ganz nach dem feinsten französischen Parfum
nach dem allerfeinsten

HERR HUEBER *plötzlich ausrufend*

Am zwölften

Alle hören

FRAU HUEBER

Was ist am zwölften

HERR HUEBER *nach einer Pause*

Am zwölften November vierundvierzig
ist die Tirpitz gesunken

HERR SÜTTERLIN

Tatsächlich
ja tatsächlich

HERR HUEBER *schlägt mehrere Male mit einem Dessertmesserchen an sein Glas, nimmt das Glas und erhebt sich*

Ich möchte nur noch darauf hinweisen
liebe Freunde
daß dieser Tag ein ganz großer Tag ist
und daß es mir eine besondere Freude ist
mir und meiner lieben Frau
daß wir diesen Tag hier im Hause Sütterlin
feiern dürfen
Ich habe unseren Freund Sütterlin
freigesprochen
das heißt ich habe es gar nicht zur Anklage
kommen lassen
ich habe das Verfahren sozusagen
niedergeschlagen
selbstverständlich
mein lieber Sütterlin
wir Richter stehen zusammen
wir müssen zusammenstehen

und wir sind immer zusammengestanden
Mein lieber Sütterlin
wir lassen uns nicht beirren
Diese linke Saupresse mag schreiben was sie
will
sie soll schreiben was sie will
erhebt sich
mein lieber Sütterlin
Alle stehen auf und erheben ihr Glas
Frau Sütterlin stellt den Plattenspieler ab

HERR HUEBER *zu Sütterlin direkt*
Ich habe das Verfahren gegen Sie
niedergeschlagen
ich habe Sie freigesprochen
ich habe Recht gesprochen Recht
Wir sind eine Verschwörung gegen das
Judentum
Feiern Sie mit mir an diesem Abend den
Freispruch
des wahren deutschen Menschen
mein lieber Sütterlin
Wir sind alle freigesprochen in diesem
Augenblick
deutscher Geschichte
wir sind alle freigesprochen von einer Anklage
die nur als schmutzige Anklage bezeichnet
werden kann
Mein lieber Sütterlin
sollten Sie wirklich

ein paar tausend Juden umgebracht haben
so waren es sicher zu wenige
trinkt und auch die andern trinken
zu Frau Sütterlin
Und Sie Frau Sütterlin
unsere Beste
Sie haben sicher auch aus reinstem Herzen
gehandelt
für Deutschland
Wir sind Deutsche
wir sind Ehrenmenschen
nicht nur Herrenmenschen
sondern auch Ehrenmenschen
stehen Sie zusammen
und gedenken Sie mit mir derer
die für unsere Sache geopfert worden sind
gedenken wir unserer Blutopfer
Ehrenmenschen verstehen Sie
Ehrenmenschen
hebt sein Glas
Und in diesem Sinne

Alle heben ihr Glas und trinken es aus, während Hueber »Die Fahne hoch« zu intonieren beginnt und dann auch gleich »Die Fahne hoch« singt.
Alle stimmen in »Die Fahne hoch« ein.
Frau Sütterlin geht und schließt die schweren Fensterbalken.

Vorhang

Eis

Erster Ministerpräsident (feist), Erste Frau (feist),
Zweiter Ministerpräsident (feist), Zweite Frau, alle aus
Norddeutschland
Eisverkäufer aus der Türkei
Sandstrand an der Nordsee. Erster Ministerpräsident mit
Frau und Zweiter Ministerpräsident mit Frau in zwei
Strandkörben nebeneinander.

1. MINISTERPRÄSIDENT *mit einem naßkalten Handtuch*
auf dem Kopf
Meine Frau träumte immer
vom Ballett
die hopste einmal auf dem Kieler Theater um
Gage
Aber daraus wurde dann nichts
die Katastrophe ist eingetreten
bei Schneewittchen
das schaffte sie nicht
Eine Venenentzündung im linken Bein
aus
der Künstler und das Künstlerpech
zu seiner Frau direkt
nicht wahr
da platzte die Karriere in Kiel
da kam ich
Heimaturlaub
ausgehungert nach Weibern
da machte sie mir Pfannkuchen
den Probepfannkuchen

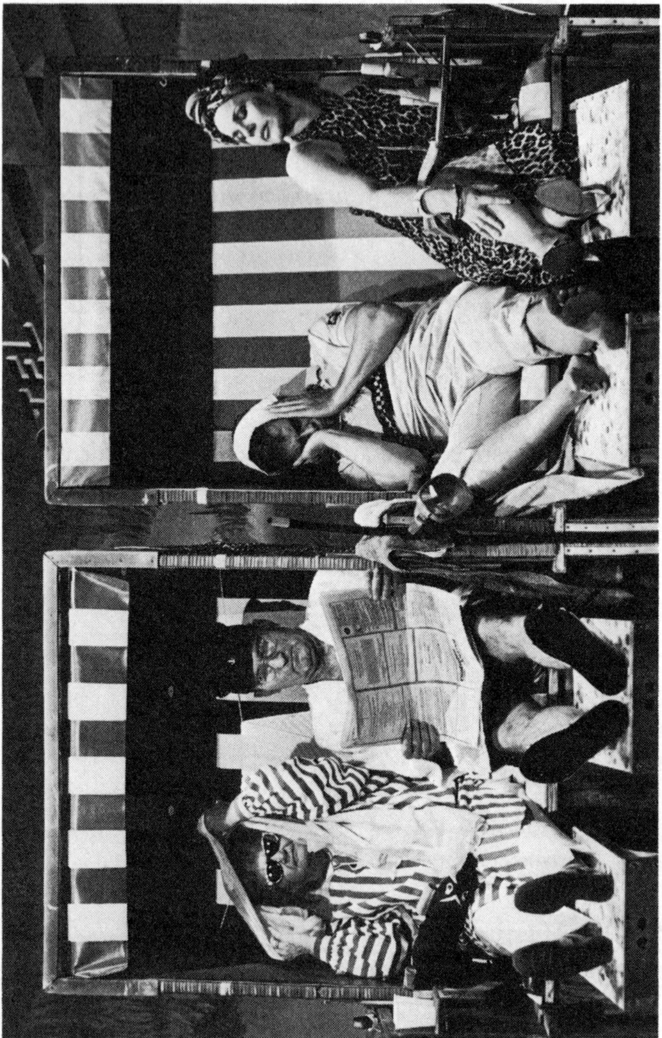

Trampolinspringerin war sie
aber es fehlte der Sprung vom Achtmeterbrett
da scheiterte sie
aber der Pfannkuchen Herr Kollege
Ministerpräsident
Mein Zopfmädchen mein kleines
Eine Zeit die immer noch perfektere Perfektion
fordert
verlangt ihr Opfer
Da scheitern sie alle
gleich was sie angehen
die wenigsten erreichen den Höhepunkt
Norddeutsche Trampolinsprungmeisterin na ja
Alle scheitern
und dann machen sie Pfannkuchen für den
Heimkehrer
Theater Oper Schauspielerei Malkunst
Die Politik läßt sie fallen
wie sie noch nie gefallen sind
Herr Kollege wem sage ich das
streckt seine Beine aus
Einmal im Jahr den Nordseesand unter den
Füßen
Keine Eingaben
keine Akten

2. MINISTERPRÄSIDENT *den Blick auf die Möwe gerichtet*
direkt auf die Natur
streckt die Hand aus
Sehen Sie am Horizont

ein Ozeanriese

1. MINISTERPRÄSIDENT

Kreuzfahrerschicksale

2. MINISTERPRÄSIDENT

Da legten wir in Kreta an wissen Sie
und besuchten unsere Kameraden

1. MINISTERPRÄSIDENT

Vor zwei Jahren nicht wahr

2. MINISTERPRÄSIDENT

Da hatte ich plötzlich das Verlangen
nach so langer Zeit
den Kameraden die Ehre zu erweisen
da sagte ich zu meiner Frau
jetzt fahren wir mal nach Kreta
zu den toten Kameraden
Dreißigtausend haben die abgeschossen
in der Luft
unter dem Fallschirm weg die Engländer
mein größter Glücksfall daß ich nicht dabei war
abkommandiert von Augsburg
Die Engländer hatten in der Nacht
Wind bekommen
ganz gemeiner Verrat
Die flogen über die Alpen
und die Engländer warteten schon
die konnten ihre Geschütze ganz ruhig
in Stellung bringen
Zu Zehntausenden knallten die uns ab
Aber ich war nicht dabei

ich war abkommandiert von Augsburg
Alle meine Kameraden waren dabei
die flogen direkt ins Verderben
Meine Verlobte sagte noch
schade daß du nicht dabei bist
Die sprangen zu Hunderten aus der Maschine
und die Engländer brauchten sie nur
abzuknallen

1. MINISTERPRÄSIDENT
Da waren wir in Odessa
die Krim war auch kein Honiglecken

2. MINISTERPRÄSIDENT
Natürlich waren die Russen heimtückisch
In Sewastopol knallten sie meinen Fahrer
nieder
wie der gerade sein Gesicht rasierte
durch das Toilettenfenster
Bauernsohn aus Oberbayern
vom Tegernsee
die arme Frau mit ihren sechs Kindern
hatte darauf nichts zu lachen
zu seiner Frau direkt
Nun gib mir mal die Frankfurter

2. FRAU *gibt ihm die Frankfurter Allgemeine Zeitung*

2. MINISTERPRÄSIDENT *liest in der Zeitung*
Die Zinsen steigen
Die Amerikaner treiben das in die Höhe
bis es platzt
und der Dollar steigt

der steigt und steigt
wirft die Zeitung zu Boden
Eine Zeit in der es sich am besten
mit eingezogenem Kopf lebt
Im September in Arosa
hatten wir so herrlichen Salat gegessen
in meinem ganzen Leben habe ich noch nie
so ausgezeichneten Salat gegessen
und wissen Sie was für mich der Höhepunkt ist
Der Tafelspitz in Wien
im Sacher
im Roten Salon
und dazu Radetzkymarsch Radetzkymarsch
vom Pianisten
für uns allein gespielt
Da lohnt es sich schon
zehn Mark auf das Klavier zu schieben
Aber insgeheim drängt es mich doch immer ans Meer
und wenn ich die Wahl habe
zwischen Ostsee und Nordsee
schneidet doch die Nordsee besser ab
zu seiner Frau direkt
nicht wahr wir entscheiden uns
doch immer für die Nordsee
uns behagt der Ostseewind nicht
da denke ich doch immer an mein Erlebnis in Zoppot
ja

1. MINISTERPRÄSIDENT

Da lagen Sie im Krankenhaus nicht wahr

2. MINISTERPRÄSIDENT

Ja da wär es bald schiefgegangen
da streikte die Galle plötzlich
Meine Frau sagte schon
du siehst so merkwürdig aus
und da hatte ich auch schon die Bescherung
seither kein Fett mehr
aber wer hält sich schon daran

1. FRAU

Mein Mann hat auch eine schwere
Gallenoperation
hinter sich
und er hat nur noch eine Niere

2. FRAU

Wie mein Mann
zu ihrem Mann direkt
Nicht wahr
du hast nur noch eine Niere
aber die arbeitet recht gut

2. MINISTERPRÄSIDENT

Ich kenne Leute
die mit einer Niere neunzig geworden sind
die eine Niere übernimmt die Arbeit von zwei

1. FRAU

Mein Mann muß viel trinken
Mineralwasser
Gasteiner Wasser trinkt er

2. FRAU

Mein Mann trinkt Bad Kissinger

1. MINISTERPRÄSIDENT

Am dreißigsten bin ich in Ghana
die Entwicklungshilfereisen
häufen sich
aber es ist völlig sinnlos
in diese chaotischen Länder Geld zu pumpen
schade um jede Mark für diese Länder
Aber meine Frau reist gern nach Afrika
sie schießt Gazellen und Löwen
da kann ich nicht Nein sagen
zur zweiten Frau
Schießen Sie auch
Löwen
oder Gazellen

2. FRAU

Nein
Wenn wir in Afrika sind
liege ich nur im abgedunkelten Zimmer
unter dem Moskitonetz

1. MINISTERPRÄSIDENT

Meine Frau schießt
ein Dutzend Löwen
die knallt ein Dutzend Gazellen ab
und natürlich wenn die Gelegenheit dazu ist
schießt sie sich auch mal einen Panther
sie läßt sich nur selbstgeschossene Panther
verarbeiten

Da sollten Sie sie sehen
wenn wir in Berchtesgaden auf die Winterjagd
gehen
dicke selbstgeschossene Pantherfelle

2. MINISTERPRÄSIDENT
Da schossen die Engländer alle von uns ab
die sprangen aus der Ju
und die Fallschirme gingen auf
und die Engländer schossen sie ab
die kamen alle nur als Tote auf die Insel
Meine Frau kaufte ein Dutzend Kränze
wir ließen Schleifen drucken
Von uns
ließen wir einprägen
die legten wir hin
Dreißigtausend Kameraden
Da kehrt natürlich vollkommene Stille ein
da steht man da und verstummt

1. FRAU *macht ihrem Mann einen neuen Umschlag*

2. MINISTERPRÄSIDENT
Aber keine Träne
der Deutsche weint nicht
am Grab seiner Kameraden
zu seiner Frau
Aber du konntest dich nicht beherrschen
sie konnte ein Schluchzen
nicht unterdrücken
plötzlich aufatmend
Diese fantastische Luft in Kreta

Wir suchten einen Antiquitätenhändler
wir suchten ein altes griechisches Tischchen
besser gesagt ein kretisches Tischchen
für mein Arbeitszimmer

1. FRAU

Und fanden Sie denn eins

2. MINISTERPRÄSIDENT

Ja in Aghios Nicolaos

2. FRAU

Auf diesem Tischchen unterschreibt
mein Mann die wichtigste Post
zu ihrem Mann direkt
nicht wahr
Vor allem die Gnadenakte

2. MINISTERPRÄSIDENT

Ein solches Möbelstück aus der Zeit
gibt der Arbeit Würde

2. FRAU

Aber wir fahren nicht mehr nach Kreta
weil wir den Anblick der Heldengräber
nicht mehr ertragen können
alle diese Kameraden
unter der glühenden Hitze
Mein Mann nannte sie alle bei Namen
Ein Graf Berghe von Trips ist auch darunter
Wir hatten keine Freude mehr
an Kreta

1. MINISTERPRÄSIDENT

Man verpatzt sich sehr schnell den Aufenthalt

Gräberbesuch kommt nicht in Frage
Die Toten sind ja tot
die Lebenden sollen sich nicht mehr
mit den Toten beschäftigen

1. FRAU

Mein Mann und ich
wir meiden die Heldenfriedhöfe
wir fahren in kein Land
wo deutsche Helden liegen

2. MINISTERPRÄSIDENT

Aber da dürfen Sie ja
nirgendwohin fahren nirgendwohin
lehnt sich weit in den Strandkorb zurück
nirgendwohin

EISVERKÄUFER *nähert sich und ruft*

Eis
Eis
Eis
Alle schauen in die Richtung des Eisverkäufers

2. FRAU

Endlich Eis
Wie wünsche ich Eis
wie ich Eis wünsche

1. FRAU

Eis

EISVERKÄUFER

Eis
Eis
tritt mit einem umgehängten Eiskasten auf

Langnese

I. MINISTERPRÄSIDENT

Wir müssen der Gewerkschaft gegenüber hart bleiben
wir dürfen nicht nachgeben
die Gewerkschaften fressen uns auf
Die Gewerkschaften hauen uns
auf den Kopf
zum Zweiten Ministerpräsidenten, der auch ganz zurückgelehnt ist
Wir müssen hart sein verstehen Sie Herr Kollege
hart nichts als hart
wir dürfen uns
nichts mehr gefallen lassen
wozu haben wir die beste Polizei der Welt
Bis jetzt hat sie zugeschaut
aber jetzt ist Schluß
jetzt wird geschossen

EISVERKÄUFER *nähert sich*

Eis
Eis
Eis

I. MINISTERPRÄSIDENT

Gastarbeiter
Hausbesetzer
jetzt ist Schluß
Schluß

I. FRAU *schon ganz auf den Eisverkäufer konzentriert*

Beruhige dich

alles löst sich
alle Probleme lösen sich am Meer
Sie winkt den Eisverkäufer heran, der Eisverkäufer geht gerade auf sie zu
Das Meer
hat immer alle Probleme gelöst

EISVERKÄUFER *geht rasch auf die Strandkörbe zu*

2. FRAU *greift nach ihrer Geldbörse*

1. FRAU
Wie schön
daß der Eisverkäufer
bis hierher kommt
ach

EISVERKÄUFER *geht jetzt plötzlich rasch auf die Strandkörbe zu, zieht blitzartig eine Pistole aus seinem Eiskasten und schießt nacheinander alle in den Strandkörben nieder.*
Er sieht, daß alle tot sind, dreht sich um und ruft
Eis
Eis
Eis
und läuft davon

Der deutsche Mittagstisch

(Eine Tragödie für ein Burgtheatergastspiel in Deutschland)

Herr und Frau Bernhard, ihre Töchter, ihre Söhne, ihre Enkel, ihre Urenkel und deren engste Verwandte, achtundneunzig Personen um einen kleinen, nicht ganz runden Mittagstisch. Eiche natur.

HERR BERNHARD *aufbrausend*
Ihr müßt euch Zeit nehmen
FRAU BERNHARD
Die Zeit nehmen
HERR BERNHARD
Zum Essen
Denkt an eure Mutter
und an deren Mutter
und an die Mutter der Mutter
eurer Mutter
Alle außer Herr und Frau Bernhard schauen sich an
FRAU BERNHARD
Die Revolution wird euch alle
vernichten
dann habt ihr eine
solche Suppe wie diese nicht mehr
DER JÜNGSTE DER URENKEL *schreit auf*
Keine einzige Kartoffel mehr
DER ÄLTESTE DER URENKEL
Keine einzige Kartoffel mehr
in ganz Deutschland
FRAU BERNHARD *heiser*
Weil die Krebsfürsorge alles aufgefressen hat

HERR BERNHARD
Und die NATO
AWACS
FRAU BERNHARD
Daß ihr mir nicht laut sagt
was wir gesagt haben
fragt
Ist die Suppe nicht gut
Alle nicken
DER ZWEITÄLTESTE URENKEL *(Nicht Ururenkel!)*
Der neue Bundespräsident ist
ein Nazi
DER DRITTÄLTESTE URURENKEL *(Nicht Urenkel!)*
Und der alte Bundespräsident
war auch ein Nazi
DER ÄLTESTE ENKEL
Die Deutschen sind alle Nazis
FRAU BERNHARD
Hört auf mit der Politik
eßt die Suppe
HERR BERNHARD *springt auf*
Jetzt hab ich aber genug
In jeder Suppe findet ihr die
Nazis
schlägt mit den Händen in den noch vollen
Suppenteller und schreit
Nazisuppe
Nazisuppe
Nazisuppe

FRAU BERNHARD *ist aufgesprungen und schreit und zeigt mit dem Zeigefinger auf die Hose des Herrn Bernhard*

Da seht
er hat eine Nazihose an
die Nazihose hat er an

DER ÄLTESTE URENKEL *schreiend*

Die Nazihose
die deutsche Vaternazihose

FRAU BERNHARD *sinkt in ihren Stuhl zurück und schlägt die Hände vors Gesicht*

Wie ich mich schäme
Mein Gott
Mein Gott wie ich mich
schäme
Wie Scheel*
wie Scheel
wie Scheel

DIE JÜNGSTE URURENKELIN *laut*

Und wie Carstens*
und wie Carstens

FRAU BERNHARD

Muß das sein

HERR BERNHARD

Es ist immer das gleiche
kaum sitzen wir bei Tisch
an der Eiche

* Oder ein anderer entsprechender Bundespräsident

findet einer einen Nazi in der
Suppe
und statt der guten alten Nudelsuppe
bekommen wir jeden Tag
die Nazisuppe auf den Tisch
lauter Nazis statt Nudeln

FRAU BERNHARD

Mein lieber Mann
hör mich an
wir bekommen in ganz Deutschland
keine Nudeln mehr
nur noch Nazis
ganz gleich wo wir Nudeln einkaufen
es sind immer nur Nazis
ganz gleich was für eine Nudelpackung
wir aufmachen
es quellen immer nur noch
Nazis heraus
und wenn wir das Ganze aufkochen
quillt es fürchterlich über
ich kann nichts dafür
Alle werfen ihre Suppenlöffel hin

DER JÜNGSTE URENKEL

Laßt doch die Mutter in Ruhe

FRAU BERNHARD *mit dem Gesicht in der deutschen Mutterschürze, kleinlaut*

Schließlich habt ihr ja alle
den Nationalsozialismus mit
dem Löffel gegessen

Alle stürzen sich auf die Frau Bernhard und erwürgen sie
Der älteste Urenkel schreit in die Stille hinein
Mutter

Alles oder nichts

Ein deutscher Akt

Schauplatz: Schauspielhaus Frankfurt

Der Bundespräsident / Der Bundeskanzler /
Der Außenminister / Das Fräulein Redepennig / Kanapee,
ein Pekineser / Ein Zwerg / Bühnenarbeiter /
Der sogenannte Moderator / Publikum / Herr Gürgens,
ein alter Schauspieler
1981

MODERATOR *zum Publikum*
Meine Damen und Herren
wir kommen jetzt zum Höhepunkt unserer Veranstaltung
Ja ich muß sagen
zum absoluten Höhepunkt unseres Abends
Wir hatten einen Zauberkünstler zu Gast
und nicht nur irgendeinen
wir hatten eine Sängerin zu Gast
und nicht nur irgendeine
die uns die Isolde zur singenden Säge gesungen hat
Wir hatten den berühmten Schauspieler Gürgens hier auf dem Podest
der nicht nur den Faust gespielt hat
sondern auch den Mephisto
und der demnächst das Gretchen spielen wird
wie er mir verraten hat in Paris
in einem eigens für diesen Anlaß gebauten Theater

Das haben wir alles gesehen
Aber jetzt kommt der Höhepunkt
Ich glaube ich habe Ihnen nicht zuviel
versprochen
Gleich spazieren die Spitzen des Staates auf
Ich habe mir gedacht vor der Wahl
ich habe nicht gedacht vor der Wahl
ist den Politikern Nichts zu dumm
um Alles zu gewinnen
das habe ich mir nicht gedacht
aber ich habe mir gedacht
wie wäre es wenn ich an diesem Abend die
Spitzen unseres Staates
hier auf das Podium heraufbitte meine Damen
und Herren
Und ich habe Ihnen nicht zuviel versprochen
es ist mir gelungen alle drei
nämlich den Herrn Bundespräsidenten
und den Herrn Bundeskanzler
und den Herrn Bundesaußenminister
der ja die sogenannte dritte Partei im Staate
vertritt
unseren hochgeschätzten Außenminister auf
das Podium zu bitten
Musik, gleichzeitig Applaus setzen ein, und die drei Politiker kommen auf das Podium,
der Bundespräsident zuerst, dahinter der Bundeskanzler, dann der Außenminister und nehmen neben dem Moderator Aufstellung

MODERATOR *nachdem der Applaus nicht aufhören will, den Applaus abwehrend*

Eine Bombe nicht wahr
Das ist eine Bombe in Deutschland
der Bundespräsident der Bundeskanzler und der Außenminister hier
auf dem Podium des Frankfurter Schauspielhauses
neben mir
Und Millionen Zuschauer an den Fernsehschirmen
klatscht in die Hände
Nun fangen wir aber an
zu den Politikern
Ich nehme an, Sie kennen den Verlauf
unserer Veranstaltung
Sie kennen unsere Regeln
die Regeln sind ja nicht schwierig
Übrigens läuft unsere Veranstaltung heute
zum fünfundzwanzigstenmal ab
Da habe ich mir gedacht
da sollten unsere Spitzen des Staates dabei sein
die drei höchsten Spitzen
zum Publikum
Ich darf um Ihren Applaus bitten
Das Publikum applaudiert heftig

MODERATOR

Natürlich habe ich mir allerhand einfallen lassen
zu den Politikern

Sie werden sehen es ist nicht schwer
Im Grunde sind es ganz leichte Aufgaben
Aber natürlich man kann
wie Sie wissen
Alles oder Nichts gewinnen
Entweder meine Herren
Sie gewinnen Alles
oder Nichts
zum Publikum gewandt
Nicht wahr
Alles oder Nichts
Das Publikum applaudiert, die Musik macht einen Tusch

MODERATOR
Nun meine Herren
Fräulein Redepennig kommt herbeigelaufen

MODERATOR
Nun meine Herren
hier ist das Fräulein Redepennig
meine Assistentin
Sie kennen Sie ja
einen Applaus für das Fräulein Redepennig
viel Applaus viel Applaus
Alle applaudieren dem Fräulein Redepennig
Ein Zwerg kommt mit einem Pekineserhündchen herein und setzt das Pekineserhündchen auf einen hohen Sessel und bleibt daneben stehen

MODERATOR
Sozusagen der Schiedsrichter meine Herren

der unabhängige Schiedsrichter
mein Pekineserhündchen Kanapee
zum Pekineserhündchen Kanapee
Nun hast du gut geschlafen Kanapee
gut geschlafen Kanapee
Das Pekineserhündchen Kanapee bellt freudig auf

MODERATOR

Nun siehst du
Aber jetzt paß auf
Weißt du wen wir heute hier haben
ganz außergewöhnliche Leute Kanapee paß auf
hier haben wir die Spitzen des Staates da
sieh sie dir gut an
Ich stelle sie dir vor paß auf
Also dieser Mann da der erste hier
der mit dem Mittelscheitel dem glänzenden
mit dieser guten Gesichtsfarbe
schau ihn dir gut an Kanapee
präge ihn dir ein
das ist der Bundespräsident
mit einer etwas zu engen Hose glaube ich
oder irre ich mich Herr Bundespräsident

BUNDESPRÄSIDENT *verlegen*

Ach ja

MODERATOR

Nun gut also der Mann mit dem gepflegten Mittelscheitel
ein tüchtiger Wandersmann Kanapee mußt du wissen

ein gescheiter gebildeter Mann
absolut ein Vorbild
ich möchte nicht sagen ein Gelehrter
aber absolut ein Vorbild für alle Deutschen
ein sogenannter Wandervogel
Jaja du hast richtig gehört
ein sogenannter Wandervogel
das ist unser Herr Bundespräsident
ein schlanker gutaussehender Mann
wenn ich mir diese Bemerkung erlauben darf
auf den die deutschen Frauen fliegen
zum Publikum
Dafür gibt es Applaus
für den schlanken Wandersmann
mit seinem gepflegten Mittelscheitel
Applaus Applaus
Das Publikum applaudiert

MODERATOR *zu Kanapee*
Nun und du
was sagst du zu unserem Bundespräsidenten
gefällt er dir
Kanapee bellt dreimal kurz auf

MODERATOR
Mein Kanapee freut sich über Sie Herr Bundespräsident
er dankt Ihnen daß Sie gekommen sind
daß Sie keine Mühe gescheut haben
Aber wer scheut schon Mühe
wenn es um die Wurst

pardon
wenn es um die Wahl geht
zu Kanapee
Nun habe ich dir
den Herrn Bundespräsidenten vorgestellt
Schreiten wir weiter
Hier siehst du der zweite Mann
der etwas kleinere
was keine Beleidigung sein soll natürlich
Kanapee stell dir vor
das ist der Herr Bundeskanzler
der uns heute die Ehre gegeben hat
da steht er in seiner ganzen Größe
gerade wie ich höre
von einer Weltreise zurück
Kanapee ins Ohr
Er hat sich mit dem amerikanischen
Präsidenten getroffen
Kanapee bellt dreimal kurz

MODERATOR

Ja Herr Bundeskanzler
wie war es denn nun in Amerika
haben Sie erreicht was Sie wollten
oder nicht
Natürlich das ist eine kurze Frage
die man natürlich nicht beantworten kann
die Frage was erreichen Politiker überhaupt
Aber darum geht es nicht
Der Herr Bundeskanzler ist etwas ermüdet

aber wir haben ihn zurechtgeschminkt
das stört Sie doch nicht Herr Bundeskanzler
daß ich das sage
daß Sie von uns für diese Sendung
zurechtgeschminkt worden sind
wie übrigens die beiden anderen Herren auch
ans Publikum gewandt
Finden Sie nicht daß wir die Herren gut
zurechtgeschminkt haben
finden Sie nicht
Das Publikum tobt

MODERATOR

Ja da stehen Sie nun
und unterwerfen sich mir
Die Spitzen des Staates
Die Spitze des Eisbergs
nun ja
zu Kanapee
Und siehst du Kanapee
hier der dritte Herr
der kleinste von allen dreien
aber nicht der unbedeutendste
das ist unser Außenminister
das ist der Vorsitzende der dritten Partei im
Staate
der um jede Stimme ringt
habe ich recht habe ich recht habe ich recht
Kanapee bellt dreimal kurz
Das Publikum tobt

AUSSENMINISTER *verschämt*
Um jede Stimme
natürlich
um jede einzelne Stimme
MODERATOR
Nun habe ich die Herren
die wir ganz ruhig als die Spitzen des Staates
bezeichnen können
weil sie ja auch die Spitzen des Staates sind
die Spitzen dieses Eisbergs
der Deutschland heißt
mehr will ich nicht gesagt haben
zu Herrn Gürgens der in der ersten Reihe unten sitzt
Und Herr Gürgens der große Mime
ist ganz fasziniert von unseren
Höhepunktkandidaten
zu Gürgens direkt
Herr Gürgens sagen Sie doch kurz
welchen dieser Herren finden Sie denn am
famosesten
Sagen Sie es ruhig
sagen Sie es ruhig
GÜRGENS *von unten herauf mit verrauchter Stimme*
Ich finde alle drei famos ganz famos ganz famos
MODERATOR *ans Publikum gewandt*
Und Sie
wie finden Sie die drei
finden Sie sie
auch so famos wie Herr Gürgens

Das Publikum bricht in ungeheures Jaschreien aus und applaudiert immer heftiger, dazu spielt auch noch die Musik laut auf

MODERATOR *beruhigt die Szene und schaut auf die Uhr*

Die Zeit drängt meine Damen und Herren
wir kommen zur ersten Runde
Ich habe mir gedacht
wir beginnen wie immer mit dem Sackhüpfen
zum Fräulein Redepennig
Fräulein Redepennig die Säcke bitte
Fräulein Redepennig bringt drei Rupfensäcke herein und übergibt sie den drei Politikern, die in die Säcke hineinschlüpfen

MODERATOR

Nun sind Sie in die Säcke geschlüpft
und wenn ich das Zeichen gebe
rennen Sie auf Kanapee zu
ich gebe das Zeichen,
und Sie rennen auf Kanapee zu
Wer zuerst bei Kanapee angelangt ist
hat gewonnen
hebt die Hand und läßt sie fallen
Die Politiker rennen auf Kanapee zu

MODERATOR

Ja das geht ja hervorragend
wie schnell die drei rennen
noch niemals sind Kandidaten so schnell gerannt
Die Politiker kommen gleichzeitig bei Kanapee an

Kanapee bellt dreimal kurz und hebt das rechte Vorderbein
Das Publikum tobt

MODERATOR

Ja also
das ist ja
das ist ja unglaublich
Die Musik hat laut aufgespielt und einen Tusch gemacht
Fräulein Redepennig ich glaube
alle drei waren gleichzeitig
bei Kanapee angekommen
oder irre ich mich

FRÄULEIN REDEPENNIG

Nein Sie irren nicht
die Herren waren alle drei gleichzeitig bei Kanapee
Das ergibt für jeden der Herren dreihundert Punkte

MODERATOR

Ja wer hätte das gedacht
Schlüpfen Sie ruhig aus den Säcken
Fräulein Redepennig nimmt den Politikern die Säcke ab und geht damit hinaus

MODERATOR

Ja stimmt es denn
daß die Politik von allen Künsten die höchste ist
stimmt das Herr Bundespräsident

Herr Bundeskanzler
Herr Außenminister
Die Politiker geben verlegen keine Antwort

MODERATOR

Ich glaube Clausewitz hat das gesagt

BUNDESPRÄSIDENT *einwerfend*

Clausewitz natürlich Clausewitz
Natürlich Clausewitz

MODERATOR *zum Publikum*

Sehen Sie meine Damen und Herren
der Herr Bundespräsident ist der Gebildetste
wobei ich nichts gegen die anderen
Herrschaften
gesagt haben will
Und natürlich sollte unsere Veranstaltung
auch etwas Ernst enthalten
und gerade heute etwas Ernst natürlich
Fräulein Redepennig ist wieder hereingekommen

MODERATOR

Wir wollen nicht mehr so viele Umbauten
machen
hier auf der Bühne
weil wir ja so große bedeutende
Persönlichkeiten
hier haben hier heroben haben
die ja ohnehin
ohnehin sage ich
die ganze Aufmerksamkeit auf sich ziehen
Schreiten wir also zur nächsten Frage

zu Kanapee
Du weißt diese Frage schon
Kanapee hat mir gestanden daß er sich ganz besonders
auf diese Frage freut
Sie werden gleich sehen warum
Kanapee jetzt kommt die Frage
auf die du dich am meisten gefreut hast
sie kommt *jetzt* schon
Und die Frage lautet
zu den Politikern
Sie sollen diese Frage so schnell als möglich beantworten selbstverständlich
und vielleicht beantworten Sie sie wie aus
der Pistole geschossen
was ich annehme bei diesem hohen Intelligenzgrad
Nun also
die Frage lautet
hebt die rechte Hand
Die Frage lautet
Was ist der Unterschied
zwischen Frankfurter
und Wiener Würstchen

ALLE DREI POLITIKER *schreien*
Gar keiner

MODERATOR *schon in den allgemeinen Jubel hinein*
Sehr richtig sehr richtig
Die Frage ist sehr richtig beantwortet

und das wundert mich nicht
Kanapee bellt siebenmal kurz hintereinander, als ob er sich diebisch freute

MODERATOR

Man könnte auch sagen die Frage ist zu dumm
aber andererseits
Fräulein Redepennig
wie steht es mit den Punkten

FRÄULEIN REDEPENNIG

Die Herren haben alle drei dreihundert Punkte zusätzlich

MODERATOR *zu den Politikern*

Nun stellen Sie sich vor
Sie haben alle drei wieder dreihundert Punkte
Macht Sie das nicht größenwahnsinnig
Zwei Fragen und sechs richtige Antworten
das verdient absolut einen ungeheuren Applaus
Das Publikum tobt, die Musik will es übertrumpfen

MODERATOR *zu den Politikern*

Aber glauben Sie nicht
daß es so leicht weitergeht
wir haben uns allerhand einfallen lassen
stellen Sie sich einmal da drüben auf
Die Politiker stellen sich fünf oder sechs Meter gegenüber dem Moderator auf
und hören Sie gut zu
achten Sie genau auf meine nächste Frage
Herr Gürgens hat sie blendend beantwortet
aber ich verrate Ihnen natürlich nicht *wie*

Kanapee kennt die Antwort auch
Ich zähle bis drei
stelle die Frage
und Sie antworten so schnell als möglich
Nun
Wie heißen Sie
Die Politiker schreien ihren Namen gleichzeitig

MODERATOR
Sehr gut
gewonnen
Kanapee bellt dreimal kurz auf
Fräulein Redepennig treibt das Publikum zum Applaus an

MODERATOR
Alle drei haben ihren Namen *gleichzeitig* ausgesprochen
Das ist ja sensationell
sensationell ist das
Obwohl wir keinen dieser Namen verstanden haben
weil sie alle drei gleichzeitig ausgesprochen waren
Bitte Herr Bundespräsident
sagen Sie uns doch jetzt Ihren Namen

BUNDESPRÄSIDENT
Carstens

MODERATOR
Und Sie auch Herr Bundeskanzler

BUNDESKANZLER
Schmidt

MODERATOR

Und Sie auch Herr Außenminister

AUSSENMINISTER

Genscher

MODERATOR

Carstens Schmidt Genscher
Ein köstliches Trio
geradezu eine Triole würde ich sagen
Dafür daß die Herren ihre Namen
so gut ausgesprochen haben
gibt es natürlich jetzt Applaus
ans Publikum gewandt
Also Applaus für die Staatsspitze
Das Publikum applaudiert heftigst

MODERATOR

Wenn ich mir Kanapee so ansehe
denke ich oft
vielleicht ist *er* der Gescheiteste
Da ist allerhand drin in den Augen
Ein Pekineser denke ich und dann doch
nun lassen wir das
zu den Politikern
Nun meine Herren geht es darum
wer von Ihnen sich am schnellsten
an den Kopf greifen kann
und das geht auf einen Schuß
nimmt eine Pistole und zielt damit in die Luft
Erschrecken Sie nicht
ich schieße ja nur in die Luft

Im übrigen sollen Sie in der nächsten Position unserer
Veranstaltung selbst schießen
allerdings nicht wie ich in die Luft
Also
Ich gebe den Schuß ab
und Sie greifen sich an den Kopf
Es ist gleich
ob Sie sich an der linken
oder an der rechten Seite an den Kopf greifen
zum Publikum
Mit Herrn Gürgens habe ich übrigens gewettet
daß zwei sich an die linke Kopfseite greifen
einer an die rechte
ich habe meine Wette notariell hinterlegt
aber das tut hier nichts zur Sache
es geht nur um eine Flasche Champagner für Herrn Gürgens
und um zehntausend Mark für die Hungernden in Angola
Ja die Hungernden
aber das ist ein anderes Problem
Über den Welthunger können wir
ein anderes Mal ausführlich sprechen
Nun gut
ich schieße also und Sie greifen sich an den Kopf
Achtung
schießt

Die Politiker greifen sich alle gleichzeitig an den Kopf
Herr Carstens an die rechte Kopfseite
Herr Schmidt an die linke Kopfseite
Herr Genscher an die linke Kopfseite

MODERATOR *ruft aus*

Das ist ja unglaublich
Was sagen Sie Fräulein Redepennig
Das haben wir noch niemals gehabt
daß sich drei Kandidaten gleichzeitig
mit derselben Geschwindigkeit an den Kopf greifen
zu Kanapee
Was sagst du Kanapee
Kanapee bellt dreimal kurz auf und hebt das linke Hinterbein
Der Zwerg nickt so weit er kann

MODERATOR

Wie viele Punkte also Fräulein Redepennig

FRÄULEIN REDEPENNIG

Die Kandidaten haben alle drei gleich viel
Punkte also wieder dreihundert Punkte

MODERATOR

Wenn das in Deutschland Schule macht
meine Herren
daß sich alle gleichzeitig an den Kopf greifen
Aber weiter
schaut auf die Uhr
Wir sind in Zeitbedrängnis

Obwohl ich mir vorstellen kann
daß wir die Zeit überziehen
mit den Spitzen des Staates
meine Damen und Herren zusammen
kann einem ja nichts passieren
winkt die Politiker zu sich heran
Nun sehen Sie meine Herren
jetzt habe ich mir etwas ganz Besonderes
ausgedacht
und ich hoffe Sie mißverstehen mich nicht
und verstehen Spaß
Politiker müssen ja Spaß verstehen
und schließlich und endlich
nun gut
ich habe mir etwas ganz Besonderes ausgedacht
mit meinen Mitarbeitern
die jetzt gleich ein Faß hereinrollen werden
aber nicht wie Sie vielleicht denken ein Weinfaß
wie Sie denken Herr Carstens ein Weinfaß
wie Sie denken Herr Genscher ein Bierfaß
wie Sie denken Herr Schmidt ein ganzes Faß
voller Cognac
nein, es handelt sich hier
um ein ganz gewöhnliches Jauchefaß
also erschrecken Sie nicht meine Herren
Drei Männer rollen ein großes Jauchefaß herein auf die Bühnenmitte

MODERATOR

Natürlich ist das Jauchefaß nicht mehr

mit Jauche gefüllt
das wäre auch gar nicht unsere Absicht
aber es ist ein originales Jauchefaß
nicht ausgewaschen
und wenn Sie näher hingehen dann stinkt
es noch ganz schön meine Herren
aber das ist ja auch der Reiz daß es stinkt
Jauche meine Herren ganz natürliche Jauche
ich möchte sagen das natürlichste von der Welt
dieses Jauchefaß ist von einem
original hessischen Bauernhof
der auch heute abend in Betrieb ist
und das Jauchefaß wird auch gleich
nach dieser Veranstaltung
wieder in Betrieb genommen
wir haben es uns nur
für diese Veranstaltung ausgeliehen
schnuppert
Tatsächlich es stinkt schon
Merken Sie es stinkt schon
zum Publikum
Wahrscheinlich ist der Gestank noch nicht
bis zu Ihnen vorgedrungen
aber es stinkt schon
Sehen Sie Herr Bundespräsident
Sie rümpfen ja schon die Nase
Und Sie auch Herr Schmidt
Ja wo nichts ist ist nichts
Nun komme ich aber zu unserer Aufgabe

Keine Frage eine Aufgabe
und wieder gibt es natürlich
für jeden Gewinner dreihundert Punkte
aber darüber hinaus hatten wir
einen grandiosen Einfall
Mitten im Jauchefaß klebt
an der Originaljauche wie ich betonen muß
ein Stimmzettel
Und wenn Sie durch das Jauchefaß
durchgekrochen sind
und auf der anderen Seite wieder
herauskommen und Sie haben
diesen Stimmzettel von der Jauche lösen
und in der Hand mitnehmen können
haben Sie eine Stimme für Ihre Partei
gewonnen
Das ist dann sozusagen Ihre Garantiestimme
Haben Sie verstanden
Die Politiker schauen sich gegenseitig an

MODERATOR

Natürlich kann immer nur einer der Herren
durch das Jauchefaß kriechen
Und ich würde sagen
der Herr Bundespräsident ist der erste
Danach bitte ich den Herrn Bundeskanzler
und danach bitte ich Herrn Genscher
Natürlich haben wir ein Zeitlimit
Wir veranschlagen eine Minute
Verstanden

POLITIKER *sagen gleichzeitig*

Ja

MODERATOR

Also fangen wir an
Herr Carstens bitte
Der Bundespräsident geht zum Jauchefaß und hockt sich davor hin

MODERATOR *zu Kanapee*

Kanapee du überwachst die Herren
damit sie nicht mogeln
aber hier geht ja mogeln gar nicht
Nun also
Und bitte achten Sie auf Ihren Kopf Herr Carstens
Der Bundespräsident zieht den Kopf ein

MODERATOR

Mein Kommando ist kurz
Ich sage nur *Los*
Haben Sie mich verstanden Herr Carstens
Also ich zähle bis drei und sage dann *Los*
zählt bis drei
Los
Der Bundespräsident kriecht durch das Faß und kommt am Ende mit einem weißen Stimmzettel heraus
Ein ungeheurer Applaus bricht aus
Der Bundespräsident steht mühselig auf und hält dem Moderator den Stimmzettel hin

MODERATOR *ausrufend*

Nur zweiundzwanzig Sekunden
Nur zweiundzwanzig Sekunden
nimmt Carstens den Stimmzettel ab und gibt ihm den Stimmzettel wieder zurück
Der gehört ja Ihnen
Ihnen Herr Bundespräsident
Ihre Garantiestimme sehen Sie
zum Publikum
Fantastisch fantastisch fantastisch
Das Publikum tobt

MODERATOR *zu Kanapee, der fortwährend bellt und heult*
Nun beruhige dich
wir haben ja noch zwei Kandidaten
zum Bundeskanzler
Herr Bundeskanzler darf ich bitten
Der Bundeskanzler nimmt vor dem Jauchefaß Hockstellung ein, und der Moderator hebt die Hand, zählt bis drei und sagt Los. Der Bundeskanzler kriecht mit rasender Geschwindigkeit durch das Faß und erscheint auf der anderen Seite wie Carstens mit einem Stimmzettel

MODERATOR *der gestoppt hat ausrufend*
In neunzehneinhalb Sekunden
Das Publikum tobt, die Musik spielt so laut auf wie noch nie
Kanapee tobt auf seinem Sessel

MODERATOR *zum Bundeskanzler*
Nun sehen Sie
Sie sind ja geradezu rasend

durch das Jauchefaß gekrochen
Direkt olympisch Herr Schmidt olympisch
olympisch
zum Publikum
War das nicht olympisch
meine Damen und Herren

DAS PUBLIKUM *schreit*
olympisch olympisch olympisch
Schmidt und Carstens stellen sich mit ihren gewonnenen Stimmzetteln nebeneinander, während Genscher vor dem Jauchefaß Aufstellung genommen hat
Der Moderator hebt die Hand und zählt bis drei und schreit Los
Der Außenminister kriecht in genau zwölf Sekunden durch das Jauchefaß und kommt wie die beiden anderen Kandidaten mit einem Stimmzettel am Ende heraus

MODERATOR *in die Hände klatschend*
Das ist ja nicht möglich
Herr Genscher ist in genau zwölf Sekunden
durch das Jauchefaß gekrochen
das schlägt alles
alles schlägt das alles alles alles
Das Publikum rast, die Musik rast, Kanapee rast, als ob er verrückt werden müßte

MODERATOR *beruhigend, nachdem alle drei Politiker neben ihm Aufstellung genommen haben*
Ist das nicht beruhigend

daß Sie jetzt jeder von Ihnen schon einen
sicheren Stimmzettel in der Hand haben
Achja ich kann mir denken
daß das das Politikerherz beruhigt
zum Publikum
Wie lieb die Herren jetzt ausschauen
drei liebe Herren
drei durch und durch liebe Herren
die wir an diesem Abend
liebgewonnen haben
habe ich recht
habe ich recht Kanapee
zum Publikum
habe ich recht
Das Publikum tobt

MODERATOR

Nun sind die Spitzen des Staates die
Staatsspitzen
durch das Jauchefaß gekrochen
in der Höchstgeschwindigkeit
meine Damen und Herren
und man kann ruhig sagen
daß ihnen wirklich nichts
zu dumm gewesen ist
um an eine Wählerstimme zu kommen
allerdings an die sicherste aller Wählerstimmen
Aber darum geht es jetzt nicht
Jetzt geht es um die Gewissensfrage
zu Kanapee

Nicht wahr Kanapee um die Gewissensfrage
zum Publikum und zu den Politikern
Wie Sie wissen stellen wir allen unseren
Kandidaten
eine Gewissensfrage
und natürlich immer eine andere
Gewissensfrage
und diese Gewissensfrage
ist ja auch der Höhepunkt des Abends
Ja
nur mein Kanapee weiß um welche
Gewissensfrage
es sich *heute* handelt
zu den Politikern
Und diese Gewissensfrage sollten Sie
natürlich *aufrichtig*
andererseits aber *so schnell als möglich*
beantworten
je schneller desto besser natürlich
Wer zuerst antwortet
bekommt die meisten Punkte
selbstverständlich
Also hadern Sie nicht
gehen Sie der Frage auf den Grund
Antworten Sie sofort
wenn Sie die Frage gehört und verstanden
haben
die Frage ist kurz und bündig
antworten Sie nur mit Ja oder Nein

aber antworten Sie so schnell als möglich
und mit dieser Frage sind wir auch schon
am Ende unserer Veranstaltung angekommen
wir müssen auf das Schießen verzichten
Ich wollte die Herren auf Marx
und auf Jesus Christus schießen lassen
An diesem Schießstand da drüben
sehen Sie
den wir extra für Sie
aufgebaut haben meine Herren
aber dazu haben wir keine Zeit mehr
heute wird nicht mehr geschossen
Wir sind bei der Gewissensfrage
gestellt an die Spitzen unseres Staates
und wir hätten ja keinen höheren Höhepunkt
haben können
als Sie die Staatsspitze heute hier bei uns
bei dieser Jubiläumsveranstaltung in Frankfurt
in der Stadt Goethes
sozusagen im Herzen Deutschlands
das immer am Main geschlagen hat
Hier im Frankfurter Schauspielhaus
vor Millionen zuschauenden Menschen
in ganz Deutschland
und in der ganzen übrigen Welt
wenn ich das sagen darf
meine Herren
die wir von hier aus grüßen
die ganze deutschsprachige Welt

und die ganze übrige Welt
Also kurz
hebt die rechte Hand und stellt die Gewissensfrage
Meine Herren
mein Herr Bundespräsident
mein Herr Bundeskanzler
mein Herr Außenminister
meine Herren aufgepaßt
die Gewissensfrage
zum Publikum
Und hören Sie gut zu
was die Herren antworten
hören Sie gut zu meine Damen und Herren
Ein Trommelwirbel setzt ein und verstärkt sich
Achtung
Die Frage lautet
Sind Sie im Herzen
läßt die Hand fallen
Nationalsozialist

ALLE DREI POLITIKER *antworten wie aus der Pistole geschossen*
Ja
Das Publikum tobt, die Musik tobt

FRÄULEIN REDEPENNIG *ruft fortwährend*
Die drei Herren haben alle gleich viel Punkte
die drei Herren haben alle gleich viel Punkte
jeder der Herren hat dreitausend Punkte
das sind zusammen neuntausend Punkte

HERR GÜRGENS *ist aufgesprungen und ruft applaudierend*

Alle Herren haben gewonnen
Die Spitzen des Staates haben gewonnen
die Staatsspitze hat gewonnen

FRÄULEIN REDEPENNIG *ruft in den Publikums- und Musiktumult hinein*
Der Gesamtgewinn geht an die
Welthungerhilfe

Kanapee bellt, wie er noch nie gebellt hat, und fällt von seinem Sessel zu Boden.
Der Zwerg bekommt einen Schreikrampf.
Die Politiker schauen sich stumpfsinnig an.
Mitten in den Tumult hinein fällt der Vorhang.

Zu den Abbildungen

Die Abbildungen dieses Bandes geben einige Szenenfotos zweier Aufführungen der Dramolette von Thomas Bernhard wieder: zum einen der Aufführung des Schauspielhauses Bochum am 17. November 1981 (Regie: Claus Peymann), zum anderen der Aufführung des Burgtheaters Wien (Lusterboden; Regie: Claus Peymann), die am 23. Oktober 1987 Premiere hatte.

S. 12: Burgtheater: Annemarie Düringer und Hilke Ruthner
S. 18: Schauspielhaus Bochum: Kirsten Dene und Anneliese Römer
S. 28: Burgtheater: Susi Nicoletti und Maresa Hörbiger
S. 34: Schauspielhaus Bochum: Kirsten Dene und Anneliese Römer
S. 56: Burgtheater: Kurt Schossmann und Hilke Ruthner
S. 64: Schauspielhaus Bochum: Volker Spahr und Tana Schanzara
S. 78: Schauspielhaus Bochum: Anneliese Römer, Kirsten Dene, Helmut Kraemer und Helmut Erfurth
S. 88: Burgtheater: Jaromir Borek, Frank Hoffmann, Rudolf Melchiar, Susi Nicoletti, Annemarie Düringer und Maresa Hörbiger
S. 94: Burgtheater: Jaromir Borek, Frank Hoffmann, Maresa Hörbiger und Susi Nicoletti
S. 104: Schauspielhaus Bochum: Branko Samarovski
S. 110: Burgtheater: Frank Hoffmann und Annemarie Düringer als Herr und Frau Bernhard
S. 134: Schauspielhaus Bochum: Till Hoffmann, Volker Spahr und Ulrich Pleitgen

Thomas Bernhard
Sein Werk im Suhrkamp Verlag

Alte Meister. Komödie. Leinen und st 1553
Amras. Erzählung. BS 489 und st 1506
Am Ziel. BS 767
Auslöschung. Ein Zerfall. Leinen und st 1563
Ave Vergil. Gedicht. BS 769
Beton. Erzählung. Leinen, BS 857 und st 1488
Die Billigesser. st 1489
Einfach kompliziert. BS 910
Elisabeth II. Keine Komödie. BS 964
Erzählungen. st 1564
Ein Fest für Boris. es 440
Frost. st 47
Gehen. st 5
Holzfällen. Eine Erregung. Leinen, BS 927 und st 1523
Der Ignorant und der Wahnsinnige. BS 317
Immanuel Kant. Komödie. BS 556
In hora mortis. IB 1035
Ja. BS 600 und st 1507
Das Kalkwerk. Roman. st 128
Korrektur. Roman. Leinen, Sonderausgabe und st 1533
Der Kulterer. Eine Filmgeschichte. st 306
Die Macht der Gewohnheit. Komödie. BS 415
Midland in Stilfs. 3 Erzählungen. BS 272
Prosa. es 213
Ritter, Dene, Voss. BS 888
Der Schein trügt. BS 818
Der Stimmenimitator. Leinen, BS 770 und st 1473
Die Stücke. 1969-1981. Gebunden
Stücke 1. Ein Fest für Boris. Der Ignorant und der Wahnsinnige. Die Jagdgesellschaft. Die Macht der Gewohnheit. st 1524
Stücke 2. Der Präsident. Die Berühmten. Minetti. Immanuel Kant. st 1534
Stücke 3. Vor dem Ruhestand. Über allen Gipfeln ist Ruh. Der Weltverbesserer. Am Ziel. Der Schein trügt. st 1544
Stücke 4. Theatermacher. Ritter, Dene, Voss. Einfach kompliziert. Elisabeth II. st 1554
Der Theatermacher. BS 870
Über allen Gipfeln ist Ruh. Ein deutscher Dichtertag um 1980. Komödie. BS 728
Ungenach. Erzählung. st 1543
Der Untergeher. Leinen, BS 899 und st 1497

22/1/11.87

Thomas Bernhard
Sein Werk im Suhrkamp Verlag

Verstörung. BS 229 und st 1480
Watten. Ein Nachlaß. st 1498
Der Weltverbesserer. BS 646
Wittgensteins Neffe. Eine Freundschaft. BS 788 und st 1465

Zu Bernhard
Thomas Bernhard. Werkgeschichte. stm 2002

22/2/11.87

edition suhrkamp
Eine Auswahl

Abelshauser: Wirtschaftsgeschichte der Bundesrepublik Deutschland (1945-1980). NHB. es 1241
Abendroth: Ein Leben in der Arbeiterbewegung. es 820
Achebe: Okonkwo oder Das Alte stürzt. es 1138
Adam/Moodley: Südafrika. es 1369
Adorno: Eingriffe. Neun kritische Modelle. es 10
– Gesellschaftstheorie und Kulturkritik. es 772
– Jargon der Eigentlichkeit. Zur deutschen Ideologie. es 91
– Kritik. Kleine Schriften zur Gesellschaft. es 469
– Ohne Leitbild. Parva Aesthetica. es 201
– Stichworte.
Kritische Modelle 2. es 347
– Zur Metakritik der Erkenntnistheorie. es 590
Das Afrika der Afrikaner. Gesellschaft und Kultur Afrikas. Hg. von R. Jestel. es 1039
Anderson: Die Entstehung des absolutistischen Staates. es 950
– Von der Antike zum Feudalismus. es 922
Andréa: M.D. es 1364
Arbeitslosigkeit in der Arbeitsgesellschaft. es 1212
Aus der Zeit der Verzweiflung. Zur Genese und Aktualität des Hexenbildes. es 840
Bachtin: Die Ästhetik des Wortes. es 967
Barthes: Elemente der Semiologie. es 1171
– Kritik und Wahrheit. es 218
– Leçon/Lektion. es 1030
– Literatur oder Geschichte. es 303
– Michelet. es 1206
– Mythen des Alltags. es 92
– Das Reich der Zeichen. es 1077
– Die Sprache der Mode. es 1318
Beck: Risikogesellschaft. es 1365
Jürgen Becker: Ränder. es 351
– Umgebungen. es 722
Beckett: Fin de partie. Endspiel. es 96
– Flötentöne. es 1098
– Mal vu, mal dit. Schlecht gesehen, schlecht gesagt. es 1119
Samuel Beckett inszeniert Glückliche Tage. es 849
Benjamin: Aufklärung für Kinder. es 1317
– Briefe. 2 Bde. es 930
– Das Kunstwerk im Zeitalter seiner technischen Reproduzierbarkeit. es 28
– Moskauer Tagebuch. es 1020
– Das Passagen-Werk. 2 Bde. es 1200
– Über Kinder, Jugend und Erziehung. es 391
– Versuche über Brecht. es 172
– Zur Kritik der Gewalt und andere Aufsätze. es 103
Bernhard: Die Billigesser. es 1006
– Ein Fest für Boris. es 440
– Prosa. es 213
– Ungenach. Erzählung. es 279
– Watten. Ein Nachlaß. es 353
Bertaux: Hölderlin und die Französische Revolution. es 344
Biesheuvel: Schrei aus dem Souterrain. es 1179

3/1/6.87

3/2/6.87

3/3/6.87

- Die Unhintergehbarkeit von Individualität. es 1377
- Was ist Neostrukturalismus? es 1203

Frauen in der Kunst. 2 Bde. es 952

Frevert: Frauen-Geschichte. NHB. es 1284

Frisch: Biedermann und die Brandstifter. es 41
- Die Chinesische Mauer. es 65
- Don Juan oder Die Liebe zur Geometrie. es 4
- Frühe Stücke. es 154
- Graf Öderland. es 32

Gerhard: Verhältnisse und Verhinderungen. es 933

Geyer: Deutsche Rüstungspolitik (1860-1980). NHB. es 1246

Goetz: Hirn. Krieg. 2 Bde. es 1320

Goffman: Asyle. es 678
- Geschlecht und Werbung. es 1085

Gorz: Der Verräter. es 988

Gröner: Ein rasend hingehauchtes Herbsteslicht. Bergeller Gedichte. es 1371

Habermas: Eine Art Schadensabwicklung. es 1453
- Legitimationsprobleme im Spätkapitalismus. es 623
- Die Neue Unübersichtlichkeit. es 1321
- Technik und Wissenschaft als Ideologie. es 287

Hänny: Zürich, Anfang September. es 1079

Handke: Die Innenwelt der Außenwelt der Innenwelt. es 307
- Kaspar. es 322
- Phantasien der Wiederholung. es 1168
- Publikumsbeschimpfung. es 177
- Der Ritt über den Bodensee. es 509
- Wind und Meer. Vier Hörspiele. es 431

Hawkes: Travestie. es 1326

Heimann: Soziale Theorie des Kapitalismus. es 1052

Henrich: Konzepte. es 1400

Hentschel: Geschichte der deutschen Sozialpolitik (1880-1980). NHB. es 1247

Hesse: Tractat vom Steppenwolf. es 84

Die Hexen der Neuzeit. Hg. von C. Honegger. es 743

Hilfe + Handel = Frieden? Friedensanalysen 15. es 1097

Hobsbawm: Industrie und Empire 1/2. es 315/316

Imperialismus und strukturelle Gewalt. Hg. von D. Senghaas. es 563

Irigaray: Speculum. es 946

Jahoda/Lazarsfeld/Zeisel: Die Arbeitslosen von Marienthal. es 769

Jakobson: Kindersprache, Aphasie und allgemeine Lautgesetze. es 330

Jasper: Die gescheiterte Zähmung. NHB. es 1270

Jauß: Literaturgeschichte als Provokation. es 418

Johnson: Der 5. Kanal. es 1336
- Begleitumstände. Frankfurter Vorlesungen. es 1019
- Karsch, und andere Prosa. es 59

Jones: Frauen, die töten. es 1350

Joyce: Werkausgabe in 6 Bdn. es 1434 – es 1439

Bd. 1 Dubliner. es 1434

Bd. 2 Stephen der Held. es 1435

Bd. 3 Ulysses. es 1100

Bd. 4 Kleine Schriften. es 1437

3/4/6.87

3/5/6.87

Lohn: Liebe. Zum Wert der Frauenarbeit. Hg. von A. Schwarzer. es 1225
Lukács: Gelebtes Denken. es 1088
Maeffert: Bruchstellen. es 1387
Männersachen. Hg. von H.-U. Müller-Schwefe. es 717
Mandel: Marxistische Wirtschaftstheorie 1/2. es 595/596
– Der Spätkapitalismus. es 521
Marcus: Umkehrung der Moral. es 903
Marcuse: Ideen zu einer kritischen Theorie der Gesellschaft. es 300
– Konterrevolution und Revolte. es 591
– Kultur und Gesellschaft 1. es 101
– Kultur und Gesellschaft 2. es 135
– Versuch über die Befreiung. es 329
– Zeit-Messungen. es 770
Gespräche mit Herbert Marcuse. es 938
Mattenklott: Blindgänger. es 1343
Hans Mayer: Anmerkungen zu Brecht. es 143
– Gelebte Literatur. Frankfurter Vorlesungen. es 1427
– Versuche über die Oper. es 1050
Mayröcker: Magische Blätter. es 1202
– Magische Blätter II. es 1421
McKeown: Die Bedeutung der Medizin. es 1109
Medienmacht im Nord-Süd-Konflikt: Friedensanalysen 18. es 1166
Christian Meier: Die Ohnmacht des allmächtigen Dictators Caesar. es 1038
Menninghaus: Paul Celan. es 1026
– Schwellenkunde. es 1349
Menzel/Senghaas: Europas Entwicklung und die Dritte Welt. es 1393
Milosz: Zeichen im Dunkel. es 995
Mitscherlich: Freiheit und Unfreiheit in der Krankheit. es 505
– Krankheit als Konflikt 1. es 164
– Krankheit als Konflikt 2. es 237
– Die Unwirtlichkeit unserer Städte. es 123
Mitterauer: Sozialgeschichte der Jugend. NHB. es 1278
Moderne chinesische Erzählungen. 2 Bde. es 1010
Möller: Vernunft und Kritik. NHB. es 1269
Moser: Eine fast normale Familie. es 1223
– Der Psychoanalytiker als sprechende Attrappe. es 1404
– Romane als Krankengeschichten. es 1304
Muschg: Literatur als Therapie? es 1065
Die Museen des Wahnsinns und die Zukunft der Psychiatrie. es 1032
Mythos ohne Illusion. Mit Beiträgen von J.-P. Vernant u.a. es 1220
Mythos und Moderne. Hg. von K.H. Bohrer. es 1144
Nakane: Die Struktur der japanischen Gesellschaft. es 1204
Nathan: Ideologie, Sexualität und Neurose. es 975
Der Neger vom Dienst. Afrikanische Erzählungen. Hg. von R. Jestel. es 1028

3/6/6.87

Die neue Friedensbewegung. Friedensanalysen 16. es 1143
Ngũgĩ wa Thing'o: Verborgene Schicksale. es 1111
Nizon: Am Schreiben gehen. Frankfurter Vorlesungen. es 1328
Oehler: Pariser Bilder I. es 725
Oppenheim: Husch, husch, der schönste Vokal entleert sich. es 1232
Paetzke: Andersdenkende in Ungarn. es 1379
Paley: Ungeheure Veränderungen in letzter Minute. es 1208
Paz: Der menschenfreundliche Menschenfresser. es 1064
– Suche nach einer Mitte. es 1008
– Zwiesprache. es 1290
Peripherer Kapitalismus. Hg. von D. Senghaas. es 652
Petri: Zur Hoffnung verkommen. es 1360
Pinget: Apokryph. es 1139
Piven/Cloward: Aufstand der Armen. es 1184
Politik der Armut. Hg. von S. Leibfried und F. Tennstedt. es 1233
Populismus und Aufklärung. Hg. von H. Dubiel. es 1376
Powell: Edisto. es 1332
Psychoanalyse der weiblichen Sexualität. Hg. von J. Chasseguet-Smirgel. es 697
Pusch: Das Deutsche als Männersprache. es 1217
Raimbault: Kinder sprechen vom Tod. es 993
Darcy Ribeiro: Unterentwicklung, Kultur und Zivilisation. es 1018
João Ubaldo Ribeiro: Sargento Getúlio. es 1183
Rodinson: Die Araber. es 1051
Roth: Das Ganze ein Stück. es 1399
– Die einzige Geschichte. es 1368
– Krötenbrunnen. es 1319
Rötzer: Denken, das an der Zeit ist. es 1406
Rubinstein: Immer verliebt. es 1337
– Nichts zu verlieren und dennoch Angst. es 1022
– Sterben. es 1433
Rühmkorf: agar agar - zaurzaurim. es 1307
Russell: Probleme der Philosophie. es 207
– Wege zur Freiheit. es 447
Schindel: Ohneland. Gedichte. es 1372
Schlaffer: Der Bürger als Held. es 624
Schleef: Die Bande. es 1127
Schönhoven: Die deutschen Gewerkschaften. NHB. es 1287
Schrift und Materie der Geschichte. Hg. von C. Honegger. es 814
Schröder: Die Revolutionen Englands im 17. Jahrhundert. NHB. es 1279
Schubert: Die internationale Verschuldung. es 1347
Das Schwinden der Sinne. Hg. von D. Kamper und C. Wulf. es 1188
Sechehaye: Tagebuch einer Schizophrenen. es 613
Senghaas: Von Europa lernen. es 1134
– Weltwirtschaftsordnung und Entwicklungspolitik. es 856
– Die Zukunft Europas. es 1339
Simmel: Schriften zur Philosophie und Soziologie der Geschlechter. es 1333
Sinclair: Der Fremde. es 1007

3/7/6.87

Sloterdijk: Der Denker auf der Bühne. es 1353
– Kopernikanische Mobilmachung. es 1375
– Kritik der zynischen Vernunft. 2 Bde. es 1099
Sport-Eros-Tod. es 1335
Staritz: Geschichte der DDR. NHB. es 1260
Stichworte zur »Geistigen Situation der Zeit«. Hg. von J.Habermas. 2 Bde. es 1000
Struck: Kindheits Ende. es 1123
– Klassenliebe. es 629
Szondi: Theorie des modernen Dramas. es 27
Techel: Es kündigt sich an. Gedichte. es 1370
Tendrjakow: Sechzig Kerzen. es 1124
Theorie des Kinos. Hg. von K.Witte. es 557
Thiemann: Schulszenen. es 1331
Thompson: Entstehung der englischen Arbeiterklasse. 2 Bde. es 1170
Thränhardt: Geschichte der Bundesrepublik Deutschland. NHB. es 1267
Tiedemann: Studien zur Philosophie Walter Benjamins. es 644
Todorov: Die Eroberung Amerikas. es 1213
Treichel: Liebe Not. Gedichte. es 1373
Trotzki: Denkzettel. es 896
Vernant: Die Entstehung des griechischen Denkens. es 1150
– Mythos und Gesellschaft im alten Griechenland. es 1381
Versuchungen. Aufsätze zur Philosophie Paul Feyerabends. Hg. von H.P.Duerr. Band 1/2. es 1044/1068
Verteidigung der Schrift. Kafkas ›Prozeß‹. Hg. von F.Schirrmacher. es 1386
Vom Krieg der Erwachsenen gegen die Kinder. Friedensanalysen 19. es 1190
Martin Walser: Eiche und Angora. es 16
– Ein fliehendes Pferd. Theaterstück. es 1383
– Die Gallistl'sche Krankheit. es 689
– Geständnis auf Raten. es 1374
– Heimatkunde. es 269
– Lügengeschichten. es 81
– Selbstbewußtsein und Ironie. Frankfurter Vorlesungen. es 1090
– Wer ist ein Schriftsteller? es 959
– Wie und wovon handelt Literatur. es 642
Wehler: Grundzüge der amerikanischen Außenpolitik 1750–1900. NHB. es 1254
Peter Weiss: Abschied von den Eltern. es 85
– Die Besiegten. es 1324
– Fluchtpunkt. es 125
– Gesang vom Lusitanischen Popanz. es 700
– Das Gespräch der drei Gehenden. es 7
– Der neue Prozeß. es 1215
– Notizbücher 1960-1971. 2 Bde. es 1135
– Notizbücher 1971-1980. 2 Bde. es 1067
– Rapporte. es 276
– Rapporte 2. es 444
– Der Schatten des Körpers des Kutschers. es 53
– Stücke 1. es 833
– Stücke II. 2 Bde. es 910

3/8/6.87

– Die Verfolgung und Ermordung Jean Paul Marats. es 68
Peter Weiss im Gespräch. Hg. von R. Gerlach und M. Richter. es 1303
Wellershoff: Die Auflösung des Kunstbegriffs. es 848
Die Wiederkehr des Körpers. Hg. von D. Kamper und Ch. Wulf. es 1132
Winkler: Die Verschleppung. es 1177
Wippermann: Europäischer Faschismus im Vergleich (1922-1982). NHB. es 1245
Wirz: Sklaverei und kapitalistisches Weltsystem. NHB. es 1256
Wissenschaft im Dritten Reich. Hg. von P. Lundgreen. es 1306
Wittgenstein: Tractatus logico-philosophicus. es 12
Wünsche: Der Volksschullehrer Ludwig Wittgenstein. es 1299
Zimmermann: Vom Nutzen der Literatur. es 885
Ziviler Ungehorsam im Rechtsstaat. Hg. von P. Glotz. es 1214

3/9/6.87